Irish Revision for Junior Certificate
Ordinary Level

Irish Revision for Junior Certificate
Ordinary Level

Third edition

Éamonn Maguire

Gill & Macmillan

Gill & Macmillan Ltd
Hume Avenue
Park West
Dublin 12
with associated companies throughout the world
www.gillmacmillan.ie

© Éamonn Maguire 1997, 2000, 2007
978 0 7171 4128 9

Design and print origination in Ireland by Carole Lynch

The paper used in this book is made from the wood pulp of managed forests. For every tree felled, at least one tree is planted, thereby renewing natural resources.

All rights reserved. No part of this publication may be copied, reproduced or transmitted in any form or by any means without written permission of the publishers or else under the terms of any licence permitting limited copying issued by the Irish Copyright Licensing Agency.

Contents

Preface	vi
Acknowledgments	vi
Introduction	1
1 Cluastuiscint (Listening Comprehension)	5
Preparation	5
Vocabulary	5
Practice Exercises	13
Worked Examples	18
2 Léamhthuiscint (Reading Comprehension)—Ceist 1	77
3 Léamhthuiscint (Fógraí)—Ceist 2 (*a* agus *b*)	88
4 Léamhthuiscint (Dánta)—Ceist 2 (*c*)	109
5 Léamhthuiscint (Sleachta)—Ceist 3	120
6 Scríobh na Teanga	136
Preparation	136
Cárta Poist	138
An Nóta	149
An Litir	157
Alt Gairid nó Cuntas	168
7 Freagraí	178
8 Na Briathra	188
Examination Papers	200

Preface

Déanann an leabhar beag seo freastal ar gach gné den chúrsa Gaeilge don Teastas Sóisearach, Gnáthleibhéal. Ocht n-aonad atá sa leabhar, agus tá sé leagtha amach san ord céanna is atá an páipéar scrúdaithe. Tá súil agam go gcabhróidh an leabhar le daltaí agus iad ag ullmhú don Teastas Sóisearach agus go mbainfidh siad taitneamh agus tairbhe as.

This book covers all aspects of the Junior Certificate course, Ordinary level. There are eight units in the book, which follows the same order as the examination paper. I hope that pupils will find the book helpful as well as enjoyable.

Acknowledgments

Ba mhaith leis na foilsitheoirí a mbuíochas a ghabháil leis na heagraíochtaí agus leis na daoine seo a leanas as cead a thabhairt dóibh ábhar atá faoi chóipcheart a atáirgeadh:

Sáirséal Ó Marcaigh maidir le 'Duilleoga ar an Life' le Séamas Ó Néill;

Máire Áine Nic Gearailt maidir lena dánta 'An Gadaí', 'An tUlchabhán' agus 'An Blascaod Mór Anois;

Áine Ní Ghlinn maidir lena dán 'Faoiseamh'.

Cló Iar-Chonnachta maidir le 'Mo Rangsa' le Dónall Ó Colchúin agus ''Cogar' arsa an Sionnach' le Daithí Ó Diollúin;

Gabriel Rosenstock maidir lena dánta 'Teilifís' agus 'Luch';

Muiris Ó Riordáin maidir le 'Sa tSráid Inné', © Curriculum Development Unit, Mary Immaculate College, South Circular Road, Limerick.

As cead grianghraif a atáirgeadh tá na foilsitheoirí buíoch de Camera Press, RTÉ agus Cló Iar-Chonnachta.

Beidh na foilsitheoirí sásta socruithe cuí a dhéanamh le haon sealbhóir cóipchirt nach raibh fáil air a dhéanann teagmháil leo tar éis fhoilsiú an leabhair.

INTRODUCTION

Worked examples
Worked examples are provided for many of the examination questions in this book. Students should note that there can often be **one**, **two** or **more answers** to a given question. The author has attempted to provide many possible **correct** answers for questions in the worked answers. This has often meant **two**, **three** or **four answers** for one question. Students are reminded, however, that they should give the **required number of answers only** when answering questions. Giving **too many** answers or points to an answer is known amongst examiners as '**lucky dip**' answering and can actually **cost marks**.

Freagraí (Aonad 7)
There is a full **answers section (Aonad 7, page 178)** in which **answers are provided for most of the questions in this book**.

How to use Aonad 7
The **answers section (Aonad 7)** will be very beneficial for students if used properly.

1. Do a particular exercise, for example, Cluastuiscint 2003 (lch 42).
2. Now go to the Answers Section (lch 178) where you will find the worked example for this exercise.
3. Correct your own exercise, using the 'worked example'.
4. You re-do the same exercise maybe four weeks later and see how much better you have done it.
5. You should follow the same procedure for many of the other exercises in this book.
6. You should notice a marked improvement in your standard of Irish, if you follow the above procedure fully and carefully.
7. By the way, you may be tempted to cheat, to have a little glance at the answers before answering. Don't. You'll only be fooling yourself.
8. Good luck.

Layout of exam papers
Pupils taking the Gnáthleibhéal (Ordinary level) are required to answer questions on *one written paper* and to answer questions on a *listening comprehension test*.

The examination is divided into *two parts*:

PART 1. THE LISTENING TEST
(30 minutes; 100 marks)
The *cluastuiscint* (tape test) is divided into four parts:
  Part A: Three monologues.
  Part B: Three announcements or advertisements.
  Part C: Three conversations.
  Part D: Three items of news.

PART 2. THE WRITTEN PAPER
The **written paper** is divided into ***Roinn 1*** and ***Roinn 2***.

Roinn 1 – Léamhthuiscint 110 marks.
Ceist 1 – Meaitseáil   20 marks
Ceist 2 – Fógraí agus véarsaí   30 marks
Ceist 3 – Léamhthuiscint(dhá shliocht)   60 marks

Roinn 2 – Scríobh na Teanga
Ceist 1 – Cárta poist/nóta   25 marks
Ceist 2 – Litir a scríobh   40 marks
Ceist 3 – Alt/Cuntas   45 marks

Time Management
I would recommend the following:

1. Roinn 1
Ceist 1: 10 mins
Ceist 2: 10 mins
Ceist 3: 18 mins

2. Roinn 2
Ceist 1: 10 mins
Ceist 2: 15 mins
Ceist 3: 20 mins

3. Checking your answers at the end: 7 mins

NA FOCAIL CHEISTEACHA (VOCABULARY USED FOR ASKING QUESTIONS)
Pupils should become very familiar with and learn by heart the vocabulary used in examination papers for asking questions. These are used particularly with the *cluastuiscint* questions and with questions 2(*a*), (*b*) and (*c*) and question 3 (*a*) and (*b*) in *roinn 1, léamhthuiscint* and also questions 1 and 2 in *roinn 2, scríobh na teanga*.

Cá/cárbh (where)
- Cá bhfuair sé é? (Where did he get it?)
- Cá mbíonn? (Where does?)
- Cá mbeidh? (Where will?)
- Cá raibh? (Where was?)
- Cá fhad? (How long?)
- Cárb as di? (Where is she from?)
- Cárbh as dó? (Where was he from?)

Cad/céard (what/where)
- Cad a rinne sé? (What did he do?)
- Cad a tharla? (What happened?)
- Cad ab ainm dó? (What was his name?)
- Cad chuige? (Why?)
- Cad faoi? (What about?)
- Cad a thug air é a dhéanamh? (What made him do it?)
- Céard atá i gceist? (What is meant?)
- Céard is brí le? (What is meant by?)
- Cad as dó? (Where is he from?)

Cathain (when)
- Cathain a rugadh é? (When was he born?)
- Cathain a bheas tú sa bhaile? (When will you be at home?)

Cé (who, which, what)
- Cé acu? (Which of them?)
- Cé mhéad? (How much? How many?)
- Cé a rinne? (Who did?)

Cén (what/how)
- Cén aois é? (How old is he?)
- Cén fáth? (Why?)
- Cén fhianaise? (What evidence?)
- Cén lá? (What day?)
- Cén laghdú, méadú? (What reduction, increase?)
- Cén rogha? (What choice?)
- Cén t-am? (What time?)
- Cén sórt/saghas? (What kind?)
- Cén t-eolas? (What information?)
- Cén t-ullmhúchán? (What preparation?)

Conas (how)
- Conas tá tú? (How are you?)

Luaigh (mention)
- Luaigh dhá rud (Mention two things)

Ainmnigh (name)
- Ainmnigh rud amháin (Name one thing)

Aonad 1   Cluastuiscint

The *cluastuiscint* (aural) examination lasts for approximately 30 minutes and is worth 100 marks, which is over 31 per cent of the total marks for Junior Cert. Irish.

The *same tape* is played for Higher and Ordinary levels, but the questions for Ordinary level are easier.

As we have already seen, the format for the *cluastuiscint* is as follows:

Cuid A	**Cuid C**
Three announcements (*giotaí cainte*) from three different pupils, usually of a personal nature.	Three conversations (*comhráite*). Each conversation is usually between a boy and a girl.
Cuid B	**Cuid D**
Three monologues.	Three news bulletins or announcements.

Note
- Cuid A and cuid C are usually played *three times*. Cuid B and cuid D are usually played *twice*.
- Do not leave any blank spaces.
- Do not answer in English.
- While accuracy in spelling is important, it is worth noting that the great majority of marks are awarded for understanding.

How to prepare
1. Learn your vocabulary.
2. Listen to Raidió na Gaeltachta, Raidió na Life, and other Irish radio programmes.
3. Watch Irish television programmes, especially the Nuacht, and TG4.
4. Read Irish-language papers and magazines, such as *Foinse, Lá*.

Vocabulary Preparation
- Place-names; counties and cities; other countries in Europe and elsewhere
- School subjects, facilities and activities
- Sport of all kinds
- Various pastimes (music, television, films, reading, etc.)
- Family members: brother, sister; ages; youngest, eldest
- Jobs, career
- Accidents, robberies, mishaps, fires

- The weather
- Various meals and types of food

CANÚINTÍ (DIALECTS)
Connacht, Ulster and Munster dialects are used in the aural exam.

PLACE-NAMES: IRELAND
Cúige Mumhan (Munster)
Contae Chiarraí (County Kerry): **Cill Airne** (Killarney); **Trá Lí** (Tralee)
Contae Chorcaí (County Cork): **Corcaigh** (Cork); **Mala** (Mallow)
Contae an Chláir (County Clare): **Inis** (Ennis); **Boirinn** (the Burren); **Cill Rois** (Kilrush)
Contae Luimnigh (County Limerick): **Luimneach** (Limerick)
Contae Phort Láirge (County Waterford): **Port Láirge** (Waterford); **an Rinn**
Contae Thiobraid Árann (County Tipperary): **Durlas** (Thurles); **an tAonach** (Nenagh); **Cluain Meala** (Clonmel)

Cúige Laighean (Leinster)
Contae Bhaile Átha Cliath (County Dublin): **Baile Átha Cliath** (Dublin); **Sord** (Swords); **Binn Éadair** (Howth); **Baile Brigín** (Balbriggan); **Dún Laoghaire**
Contae Cheatharlach (County Carlow): **Ceatharlach** (Carlow); **an Tulach** (Tullow)
Contae Chill Chainnigh (County Kilkenny): **Cill Chainnigh** (Kilkenny); **Callain** (Callan)
Contae Chill Dara (County Kildare): **Droichead Nua** (Newbridge); **an Nás** (Naas); **Cill Choca** (Kilcock); **Baile Átha Í** (Athy); **Maigh Nuad** (Maynooth)
Contae Chill Mhantáin (County Wicklow): **Bré** (Bray); **an tInbhear Mór** (Arklow)
Contae na hIarmhí (County Westmeath): **Baile Átha Luain** (Athlone); **an Muileann gCearr** (Mullingar)
Contae Laoise (County Laois): **Port Laoise**
Contae Loch Garman (County Wexford): **Ros Láir** (Rosslare); **Guaire** (Gorey); **Inis Córthaidh** (Enniscorthy); **Ros Mhic Thriúin** (New Ross)
Contae an Longfoirt (County Longford): **an Longfort** (Longford); **Gránard** (Granard)
Contae Lú (County Louth): **Dún Dealgan** (Dundalk); **Droichead Átha** (Drogheda)
Contae na Mí (County Meath): **an Uaimh** (Navan); **Baile Átha Troim** (Trim); **Ceanannas** (Kells); **Ráth Cairn**; **an Seanchaisleán** (Oldcastle)
Contae Uíbh Fhailí (County Offaly): **Tulach Mhór** (Tullamore); **Éadan Doire** (Edenderry); **Biorra** (Birr); **Clóirtheach** (Clara)

Cúige Uladh (Ulster)

Contae Dhún na nGall (County Donegal): **Leifear** (Lifford); **na Rosa** (the Rosses); **Béal Átha Seanaidh** (Ballyshannon); **Leitir Ceanainn** (Letterkenny); **Bun Dobhráin** (Bundoran); **Gaoth Dobhair**

Contae an Chabháin (County Cavan): **an Cabhán** (Cavan); **Muinchille** (Cootehill)

Contae Mhuineacháin (County Monaghan): **Cluain Eois** (Clones); **Carraig Mhachaire Rois** (Carrickmacross); **Muineacháin** (Monaghan)

Contae Aontroma (County Antrim): **Béal Feirste** (Belfast); **Latharna** (Larne)

Contae Ard Mhacha (County Armagh): **Ard Mhacha** (Armagh); **Port an Dúnáin** (Portadown)

Contae Dhoire (County Derry): **Doire** (Derry); **Cúil Raithin** (Coleraine)

Contae an Dúin (County Down): **an tIúr** (Newry); **an Caisleán Nua** (Newcastle); **Beannchar** (Bangor); **Droichead na Banna** (Banbridge)

Contae Fhear Manach (County Fermanagh): **Inis Ceithleann** (Enniskillen)

Contae Thir Eoghain (County Tyrone): **an Srath Bán** (Strabane); **an Ómaigh** (Omagh)

Cúige Chonnacht (Connacht)

Contae na Gaillimhe (County Galway): **Gaillimh** (Galway); **Tuaim** (Tuam); **Béal Átha na Sluaighe** (Ballinasloe); **an Cheathrú Rua** (Carraroe)

Contae Liatroma (County Leitrim): **Cora Droma Rúisc** (Carrick-on-Shannon)

Contae Mhaigh Eo (County Mayo): **Béal an Átha** (Ballina); **Cathair na Mart** (Westport); **Caisleán an Bharraigh** (Castlebar); **Clár Chlainne Mhuiris** (Claremorris); **an Eachléim**

Contae Ros Comáin (County Roscommon): **Mainistir na Búille** (Boyle); **Ros Comáin** (Roscommon); **Aíl Finn** (Elphin)

Contae Shligigh (County Sligo): **Sligeach** (Sligo)

SCHOOL SUBJECTS

an Ghaeilge (Irish)
an Béarla (English)
an Laidin (Latin)
an Fhraincis (French)
an Ghearmáinis (German)
an Spáinnis (Spanish)
an Iodáilis (Italian)
matamaitic (mathematics)
stair (history)
tíreolaíocht (geography)
eolaíocht (science)
ceol (music)
eagrú gnó (business organisation)
ealaín (art)
eacnamaíocht bhaile (home economics)
innealtóireacht (engineering)
líníocht theicniúil (technical drawing)
adhmadóireacht (woodwork)
corpoideachas (physical education)

SCHOOL FACILITIES

áiseanna (facilities)
an halla tionóil (the assembly hall)
an leabharlann (the library)
an bhialann/an proinnteach (the restaurant/canteen)
an seomra ceoil (the music room)
an pháirc pheile (the football field)

an halla gleacaíochta (the gymnasium)
an seomra ríomhairí (the computer room)
rúnaí na scoile (the school secretary)

Sport and Pastimes
cluichí éagsúla (various games)
cispheil (basketball)
leadóg (tennis)
haca (hockey)
snúcar (snooker)
rothaíocht (cycling)
camógaíocht (camogie)
peil (football)
iomáin/iománaíocht (hurling)
sacar (soccer)
ag léamh (reading)
ag éisteacht le ceol (listening to music)
ag seinm ceoil (playing music)
snámh (swimming)
peil ghaelach (Gaelic football)
Páirc an Chrócaigh (Croke Park)
club peile (a football club)
rugbaí (rugby)

Teilifís, Raidió, Nuachtáin
clár teilifíse (a television programme)
clár raidió (a radio programme)
sraith (a series)
sraithscéal (a serial)
cartúin (cartoons)
sobalchlár (soap)
clár grinn (comedy)
an nuacht (the news)
cúrsaí reatha (current affairs)
iriseoir (a journalist)
tuairisc (a report)
tuairisceoir (a reporter)
raidió áitiúil (local radio)
cúrsaí spóirt (sport)
popcheol (pop music)
scannáin (films)

Family Members
teaghlach (family)
clann (children)
tuismitheoirí (parents)
athair (father)
máthair (mother)
deartháir (brother)
deirfiúr (sister)
leasdeartháir/leasdeirfiúr (stepbrother/sister)
seanathair (grandfather)
seanmháthair (grandmother)
nia (nephew)
neacht (niece)
uncail (uncle)
aintín (aunt)
col ceathrair (first cousins)
bean chéile (wife)
fear céile (husband)
an duine is sine (the oldest)
an duine is óige (the youngest)

Jobs and Careers
dalta scoile (pupil)
mac léinn (student)
múinteoir (teacher)
altra (nurse)
dochtúir (doctor)
aisteoir (actor)
oibrí oifige (office worker)
siopadóir (shopkeeper)
freastalaí (waiter)
feirmeoir (farmer)
meicneoir (mechanic)
leictreoir (electrician)
rúnaí (secretary)
innealtóir (engineer)
ealaíontóir (artist)
siúinéir (carpenter)
polaiteoir (politician)

Personal Traits
cainteach (chatty)
cairdiúil (friendly)
cúthail (shy)
láidir (strong)
lag (weak)
samhlaíoch (imaginative)
macánta (honest)
séimh (gentle)
lách (pleasant)
leithleach (selfish)
neamhspleách (independent)
béasach (polite)
drochbhéasach (rude, bad-mannered)
greannmhar (funny)
amaideach (silly, daft)
flaithiúil (generous)

The Weather
breá brothallach (fine and warm)
te grianmhar (hot and sunny)
fuar fliuch (cold and wet)
sioc (frost)
sneachta (snow)
ceo (fog)
brádán (drizzle)
stoirmeach gaofar (stormy and windy)
tréimhsí gréine (sunny spells)
tintreach agus toirneach (thunder and lightning)
tais (humid)
scamallach (cloudy)
gaoth láidir (a strong wind)

Laethanta na seachtaine (The days)
an Luan (Monday); **Dé Luain** (on Monday)
an Mháirt (Tuesday); **Dé Máirt** (on Tuesday)
an Chéadaoin (Wednesday); **Dé Céadaoin** (on Wednesday)
an Déardaoin (Thursday); **Déardaoin** (on Thursday)
an Aoine (Friday); **De hAoine** (on Friday)
an Satharn (Saturday); **Dé Sathairn** (on Saturday)
an Domhnach (Sunday); **Dé Domhnaigh** (on Sunday)

Na míonna (The months)
Eanáir/mí Eanáir (January)
Feabhra/mí Feabhra (February)
Márta/mí an Mhárta (March)
Aibreán/mí Aibreáin (April)
Bealtaine/mí na Bealtaine (May)
Meitheamh/mí an Mheithimh (June)
Iúil/mí Iúil (July)
Lúnasa/mí Lúnasa (August)
Meán Fómhair/mí Mheán Fómhair (September)
Deireadh Fómhair/mí Dheireadh Fómhair (October)
Samhain/mí na Samhna (November)
Nollaig/mí na Nollag (December)

An t-am (The time)
nóiméad (a minute)
soicind (a second)
uair an chloig (an hour)
lá (day)
seachtain (a week)
coicís (a fortnight)
mí (a month)
bliain (a year)
inné (yesterday)
maidin inné (yesterday morning)
arú inné (the day before yesterday)
inniu (today)
maidin inniu (this morning)
tráthnóna inniu (this evening)
amárach (tomorrow)
maidin amárach (tomorrow morning)
tráthnóna amárach (tomorrow afternoon/evening)

arú amárach (the day after tomorrow)
anuraidh/an bhliain seo caite (last year)
an tseachtain seo caite (last week)
bliain ó shin (a year ago)
seachtain ó shin (a week ago)
fadó (long ago)
an tseachtain/an bhliain seo chugainn (next week/year)
lá arna mhárach (the following day)

Guidelines for An Triail Chluastuisceana

- You should know your **Q-words** (see p. 3) before you begin, as it is very difficult to answer questions that you don't understand.
- You will not understand everything that you hear. This means that there will be some/many words that you **don't recognise** or **understand**. Yet these words may be the answers. So you must be prepared to write down these words as best you can.
- You should listen for the **SOUNDS OF THE WORDS**. Write down the **sounds** of the words you don't know with **an Irish spelling**.
- If for some reason you have no idea what the answer is, then **guess an answer** using your **common sense**.
- Remember that all answers must be **in Irish** unless they are actually in English on the **CD**. If you hear a name/word that is nearly the same in English as it is in Irish then be sure to give the **Irish version**.
- Students tend not to do so well in **Section D** because by then they are tired and **Section D** is only played twice. All the more reason for you to concentrate more fully and to re-double your efforts with this section.

VOCABULARY OF THE QUESTIONS

I have gone back over all recent Department of Education listening tests and include here the most commonly occurring **words and expressions**. You should **learn/become familiar** with them.

cad as? – Where do/does … come from?
ar fáil – available
buaiteoir(í) – winner(s)
coicís – a fortnight
ag glaoch – calling
lánaimseartha – fulltime
slí bheatha – job, work, career
ag freastal – serving, attending
á – being
á dhéanamh – being done
lucht leanúna – followers, fans
córas – system
le críochnú – to be finished
comórtas – competition

le cloisteáil – to be heard
damáiste – damage
le déanamh – to be done
an deireadh seachtaine – the weekend
laethanta saoire – holidays
caitheamh aimsire – passtimes
dath – colour
ar siúl – going on
an chéad bhabhta eile – the next time it will happen
an-spéis – great interest
cineál – kind, type
dea-scéal – good news
droch-scéal – bad news
luann – mentions

mí-ádh – bad luck
seol – to send, post, launch
inneall – engine
inar rugadh – where ... was born
faoi láthair – at present
teaghlach – family, household
tréimhse – a while, spell
monarcha – factory
atá i gceist – in question/being talked about
cluiche – game, match

cárb as…? – Where was … from?
áirithe – particular
praghas – price
crannchur – raffle, draw
anuraidh – last year
rás – a race
a thaitníonn, nach dtaitníonn – likes, dislikes
duais – prize
atá ag teastáil – wanted, needed

Five Tips for An Scrúdú Cluastuisceana

Tip 1: Always make sure that your answers are full and complete.
  Not   **But**
  Dé Máirt   Dé Máirt, ar a hocht a chlog

Tip 2: Always write the sounds of the words that you hear. Of course you should try and get the spelling correct, but the sound of the word is important.
  Not   **But**
  'Thursday'   'Déardaoin'

Tip 3: Try not to write numbers as digits. Write them as words if you can.
  Not   **But**
  10   Deich

Tip 4: Don't write names/words in English unless they are in English on the CD.
  Not   **But**
  England   Sasana
  elephant   eilifint

Tip 5: Try not to leave a blank space. You may get marks even for a word or two. Write down anything that you can recall from the piece you just heard.

On the day of the Examination

1. Make sure that you are in the examination hall in good time.
2. As soon as you get the examination paper write:
   X3 clearly next to **Cuid A**.
   X2 clearly next to **Cuid B**.
   X3 clearly next to **Cuid C**.
   X2 clearly next to **Cuid D**.
3. Scan the questions for any **Q-words** (p. 3) that you can remember from '**the vocabulary used for asking questions**' and write the English over them if you wish.

4. As each sections ends, prepare yourself for the next one. Try not to miss a question. Leave the previous question even if you have not quite finished it. You may get a minute later in the exam or at the end to add that last word or two.

Testing Yourself

Yes, indeed, you can actually **test and correct** yourself for An Scrúdú Cluastuisceana and improve your standard greatly.

Here's how you test yourself
1. Do the first **Listening Test** in this book (**Sampla 1 2005, p. 13**).
2. Now go the Page 21 in this book where you will find the **worked example** for **Sampla 1**.
3. You can **correct your own test** using the answers provided. Remember that approx **90%** of the marks are for the **content** and **correctness** of your answers. Approximately **10%** of the marks are for your **standard of Irish**.

What to do Next
4. Having completed the 2005 and 2004 tests you should wait 2 to 3 weeks and do the remaining tests starting on page 48. You can correct this test yourself using the tapescripts.
5. Go to the tapescript for Sampla 1 (page 24) and try to figure out how the worked example answers were arrived at.
6. Do the same for Sample 2 (2004), starting on page 38.
7. You should now re-do these listening tests yourself to see how many of the answers you could get right yourself.

If you follow the above procedures you will quickly become an expert at listening tests.

Remember that the Cluastuiscint is worth more than 31% of the overall mark in Irish.

So get cracking and watch those grades improve.

Training Your Ear
By following this process you will be '**training your ear**' and you will see a very marked improvement in your listening test performance.

Sampla 1 (2005)

CLUASTUISCINT

N.B. Bíodh na freagraí i nGaeilge ach amháin nuair nach gá sin.

CUID A

Cloisfidh tú giota cainte ó gach duine de *thriúr* daoine óga sa Chuid seo. Cloisfidh tú gach giota díobh *trí huaire*.

Éist go cúramach leo agus líon isteach an t-eolas atá á lorg sna greillí ag **1, 2** agus **3** thíos.

1.   **An Chéad Chainteoir**   **Rian 1**

Ainm	*Peadar Ó Seachnasaigh*
Cad as dá thuismitheoirí?	
Cá bhfuil sé ag dul ar scoil?	
Luaigh cluiche amháin a imríonn sé.	

2.   **An Dara Cainteoir**   **Rian 2**

Ainm	*Aisling Kovac*
Cá bhfuil sí ina cónaí?	
Cathain a tháinig a tuismitheoirí go hÉirinn?	
Cén clár a raibh páirt bheag aici ann?	

3.   **An Tríú Cainteoir**   **Rian 3**

Ainm	*Déirdre Ní Cheallaigh*
Cé leis a bhfuil sí ina cónaí?	
Cé hí Áine?	
Cad is ainm don chara is fearr atá aici?	

CUID B

Cloisfidh tú *trí* fhógra sa Chuid seo. Cloisfidh tú gach fógra díobh *faoi dhó*. Éist go cúramach leo. Beidh sos tar éis gach casadh chun deis a thabhairt duit an *dá* cheist a ghabhann le gach fógra díobh a fhreagairt.

Fógra a hAon   Rian 4

(a)　　　　　(b)　　　　　(c)　　　　　(d)

1. Cén pictiúr a théann leis an bhfógra seo?

2. Cé a gheobhaidh an t-airgead a bhaileofar?
    (a) an scoil
    (b) an club peile
    (c) Clann Shíomóin
    (d) Gorta

Fógra a Dó   Rian 5

(a)　　　　　(b)　　　　　(c)　　　　　(d)

1. Cén pictiúr a théann leis an bhfógra seo?

2. Cad a bheidh le fáil ag na buaiteoirí agus ag na scoileanna?

Cluastuiscint

Fógra a Trí — Rian 6

(a)   (b)   (c)   (d)

1. Cén pictiúr a théann leis an bhfógra seo?

2. Cad atá le déanamh ag tiománaithe?
   (a) peitreal a fháil
   (b) dul go mall
   (c) tiomáint go tapaidh
   (d) taisteal go luath

CUID C

Cloisfidh tú *trí cinn* de chomhráite teileafóin sa Chuid seo. Cloisfidh tú gach comhrá díobh *trí huaire.* Cloisfidh tú an comhrá ó thosach deireadh an chéad uair. Ansin cloisfidh tú é ina 2 mhír. Beidh sos tar éis gach mír díobh chun deis a thabhairt duit an cheist a bhaineann leis an mír sin a fhreagairt. Ina dhiaidh sin cloisfidh tú an comhrá ó thosach deireadh arís.

Comhrá a hAon — Rian 7

An Chéad Mhír

(a)   (b)   (c)   (d)

1. Cad a chonaic Cathal?

An Dara Mír

2. Cá rachaidh Ríona agus Cathal an tseachtain seo chugainn?
   (a) ar saoire
   (b) chuig dioscó
   (c) isteach sa chathair
   (d) chuig scannán

Comhrá a Dó   Rian 8

An Chéad Mhír

(a)   (b)   (c)   (d)

1. Cá raibh Róise?

An Dara Mír

2. Cathain a bhuailfidh Ciara isteach chuig Róise?
   (a) i gceann coicíse
   (b) i lár na seachtaine
   (c) amárach
   (d) anocht

Comhrá a Trí   Rian 9

An Chéad Mhír

(a)   (b)   (c)   (d)

1. Cén fáth ar cuireadh Seán as an rang?

An Dara Mír

2. Cé a bheidh ag glaoch ar Sheán i rith am lóin?
   (a) a chara
   (b) a dheartháir
   (c) a aintín
   (d) a mháthair

Cluastuiscint

CUID D

Cloisfidh tú *trí cinn* de phíosaí ón raidió sa Chuid seo. Cloisfidh tú gach píosa díobh *faoi dhó*. Éist go cúramach leo agus freagair an *dá* cheist a ghabhann le gach píosa díobh.

Píosa a hAon   Rian 10

  (a)   (b)   (c)   (d)

1. Cad a tharla i bPobalscoil an Ghleanna Dé hAoine seo caite?
2. Cé atá ag obair go lánaimseartha sa scoil?
   (a) péintéir
   (b) garraíodóir
   (c) leictreoir
   (d) meicneoir

Píosa a Dó   Rian 11

  (a)   (b)   (c)   (d)

1. Cén pictiúr a théann leis an bpíosa seo?

2. Cad a tharraing Aidan Harte?

Píosa a Trí   Rian 12

 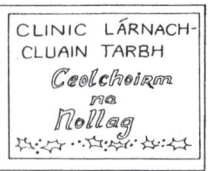  

  (a)   (b)   (c)   (d)

1. Cá raibh ceolchoirm na Nollag ar siúl?   ☐

2. Cad a chuireann ceoltóirí agus amhránaithe ar fáil do na páistí?
   (a) siamsaíocht
   (b) leabhair
   (c) bréagáin   ☐
   (d) éadaí

Sampla 1 (2005) (Worked Example)

CLUASTUISCINT

N.B. Bíodh na freagraí i nGaeilge ach amháin nuair nach gá sin.

CUID A

Cloisfidh tú giota cainte ó gach duine de **thriúr** daoine óga sa Chuid seo. Cloisfidh tú gach giota díobh **trí huaire**.

Éist go cúramach leo agus líon isteach an t-eolas atá á lorg sna greillí ag **1**, **2** agus **3** thíos.

1.   An Chéad Chainteoir   Rian 1

Ainm	Peadar Ó Seachnasaigh
Cad as dá thuismitheoirí?	as Contae Chiarraí
Cá bhfuil sé ag dul ar scoil?	ar scoil chónaithe in Éirinn
Luaigh cluiche amháin a imríonn sé.	*rugbaí, *cruicéad (*Mention one only.*)

Cluastuiscint

2. **An Dara Cainteoir** **Rian 2**

Ainm	Aisling Kovac
Cá bhfuil sí ina cónaí?	i nGaoth Dobhair (i gContae Dhún na nGall). *(N.B. Gaoth Dobhair would do.)*
Cathain a tháinig a tuismitheoirí go hÉirinn?	sa bhliain naoi déag ochtó a naoi.
Cén clár a raibh páirt bheag aici ann?	i Ros na Rún.

3. **An Tríú Cainteoir** **Rian 3**

Ainm	Déirdre Ní Cheallaigh
Cé leis a bhfuil sí ina cónaí?	lena máthair
Cé hí Áine?	a deirfiúr
Cad is ainm don chara is fearr atá aici?	Eibhlín Nic Pháidín

CUID B

Cloisfidh tú *trí* fhógra sa Chuid seo. Cloisfidh tú gach fógra díobh *faoi dhó*. Éist go cúramach leo. Beidh sos tar éis gach casadh chun deis a thabhairt duit an *dá* cheist a ghabhann le gach fógra díobh a fhreagairt.

Fógra a hAon — Rian 4

(a) (b) (c) (d)

1. Cén pictiúr a théann leis an bhfógra seo? **b**

2. Cé a gheobhaidh an t-airgead a bhaileofar?
   (a) an scoil
   (b) an club peile
   (c) Clann Shíomóin
   (d) Gorta

c

Fógra a Dó   Rian 5

1. Cén pictiúr a théann leis an bhfógra seo?   d

2. Cad a bheidh le fáil ag na buaiteoirí agus ag na scoileanna ?
   Duaiseanna deasa

Fógra a Trí   Rian 6

1. Cén pictiúr a théann leis an bhfógra seo?   c

2. Cad atá le déanamh ag tiománaithe?
   (a) peitreal a fháil
   (b) dul go mall
   (c) tiomáint go tapaidh
   (d) taisteal go luath

   b

CUID C

Cloisfidh tú *trí cinn* de chomhráite teileafóin sa Chuid seo. Cloisfidh tú gach comhrá díobh *trí huaire.* Cloisfidh tú an comhrá ó thosach deireadh an chéad uair. Ansin cloisfidh tú é ina 2 mhír. Beidh sos tar éis gach mír díobh chun deis a thabhairt duit an cheist a bhaineann leis an mír sin a fhreagairt. Ina dhiaidh sin cloisfidh tú an comhrá ó thosach deireadh arís.

Comhrá a hAon   Rian 7

An Chéad Mhír

  (a)   (b)   (c)   (d)

1. Cad a chonaic Cathal?   `a`

An Dara Mír

2. Cá rachaidh Ríona agus Cathal an tseachtain seo chugainn?
   (a) ar saoire
   (b) chuig dioscó
   (c) isteach sa chathair
   (d) chuig scannán   `d`

Comhrá a Dó   Rian 8

An Chéad Mhír

  (a)   (b)   (c)   (d)

1. Cá raibh Róise?   `b`

An Dara Mír

2. Cathain a bhuailfidh Ciara isteach chuig Róise?
   (a) i gceann coicíse
   (b) i lár na seachtaine
   (c) amárach
   (d) anocht   `c`

Irish Revision for Junior Certificate—Ordinary Level

Comhrá a Trí   Rian 9

An Chéad Mhír

   (a)   (b)   (c)   (d)

1. Cén fáth ar cuireadh Seán as an rang?   [d]

An Dara Mír

2. Cé a bheidh ag glaoch ar Sheán i rith am lóin?
   (a) a chara
   (b) a dheartháir
   (c) a aintín
   (d) a mháthair   [d]

CUID D

Cloisfidh tú *trí cinn* de phíosaí ón raidió sa Chuid seo. Cloisfidh tú gach píosa díobh *faoi dhó*. Éist go cúramach leo agus freagair an *dá* cheist a ghabhann le gach píosa díobh.

Píosa a hAon   Rian 10

   (a)   (b)   (c)   (d)

1. Cad a tharla i bPobalscoil an Ghleanna Dé hAoine seo caite? [c]
2. Cé atá ag obair go lánaimseartha sa scoil?
   (a) péintéir
   (b) garraíodóir
   (c) leictreoir
   (d) meicneoir   [b]

Cluastuiscint

Píosa a Dó Rian 11

(a) (b) (c) (d)

1. Cén pictiúr a théann leis an bpíosa seo? [a]

2. Cad a tharraing Aidan Harte?
   tharraing se na pictiúir agus na léaráidí

Píosa a Trí Rian 12

(a) (b) (c) (d)

1. Cá raibh ceolchoirm na Nollag ar siúl? [b]

2. Cad a chuireann ceoltóirí agus amhránaithe ar fáil do na páistí?
   (a) siamsaíocht
   (b) leabhair
   (c) bréagáin   [a]
   (d) éadaí

Téipscript Sampla 1 (2005)

CUID A

An Chéad Chainteoir — Rian 1

Haigh, a chairde. Peadar Ó Seachnasaigh ag caint libh. Tá mé ar mo bhealach go dtí an t-aerphort mar beidh mé ag dul go dtí an Bhruiséil ar ball. Tá cónaí ar mo thuismitheoirí ansin. Is as Contae Chiarraí iad, ach tá teach tábhairne sa Bhruiséil acu. Is é an 'Ghloine Lán' an t-ainm atá air. Freastalaím ar scoil chónaithe anseo in Éirinn. Imrím rugbaí agus cruicéad agus is é Brian Ó Drisceoil an réalta spóirt is fearr liom.

An Dara Cainteoir — Rian 2

Goidé mar tá sibh? Aisling Kovac ag labhairt libh. Tá mé i mo chónaí i nGaoth Dobhair i gContae Dhún na nGall. Is as an Bhoisnia do mo thuismitheoirí, ach tháinig siad go hÉirinn sa bhliain naoi déag ochtó naoi agus rugadh mise anseo an bhliain ina dhiaidh sin. 'Sé an caitheamh aimsire is fearr liom ná bheith ag amharc ar na sobalchláir ar an teilifís. Bhí páirt bheag agam féin i Ros na Rún mí Eanáir seo caite.

An Tríú Cainteoir — Rian 3

Cén chaoi a bhfuil sibh? Deirdre Ní Cheallaigh is ainm dom. Is as Cathair na Mart i gContae Mhaigh Eo mé. Tá mo thuismitheoirí scartha agus cónaím le mo mháthair. Téim ar cuairt chuig m'athair i Londain gach Nollaig agus gach samhradh. Tá deirfiúr amháin agam. Áine is ainm di. Tá sí ag déanamh leighis in Ollscoil na Gaillimhe. Is í Eibhlín Nic Pháidín an cara is fearr atá agam. Téimid gach áit le chéile.

CUID B

Fógra a hAon — Rian 4

Fógra anseo ón Leas-Phríomhoide. Is oth liom a rá libh, a dhaltaí, go bhfuil timpeallacht na scoile an-salach le tamall anuas. As seo amach gearrfar pionós dhá euro ar dhalta ar bith nach mbaineann úsáid as na ciseáin bhruscair chun fáil réidh le bruscar. Gearrfar an pionós céanna ar dhalta má bheirtear air nó uirthi ag scríobh ar na binsí sna seomra ranga. Tabharfar an t-airgead a bhaileofar do Chlann Shíomóin.

Fógra a Dó — Rian 5

Tá an Chomhairle Contae i gContae Lú ag eagrú comórtais speisialta do scoileanna sa chontae. Tá siad ag lorg póstaer ar an téama 'Ná hól go fóill'.

Bronnfar duaiseanna deasa ar na buaiteoirí agus ar na scoileanna. Chomh maith leis an gcomórtas, beidh cainteanna do dhéagóirí agus do thuismitheoirí ar an ábhar céanna in ionaid éagsúla ar fud an chontae. Cuirfear gach eolas i dtaobh an chomórtais agus i dtaobh na gcainteanna go dtí na scoileanna go luath.

Fógra a Trí — Rian 6

Fáilte romhaibh isteach chuig 'Camchuairt' ar RTÉ, Raidió na Gaeltachta. I dtús báire, fógra práinneach anseo ó na Gardaí. Iarrtar ar thiománaithe a bheith fíor-chúramach ar bhóthar na Gaillimhe lasmuigh den Spidéal. Tá sileadh íle ansin ar feadh ceithre mhíle. Caithfidh tiománaithe dul go mall mar tá an bóthar ansin dainséarach. Chomh maith leis seo tá an taobh chlé den bhóthar ag dul i dtreo na cathrach dúnta ar feadh leathmhíle. Bígí aireach má tá sibh ag dul an treo sin.

CUID C

Comhrá a hAon — Rian 7

Cathal: Dia duit, a Ríona.
Ríona: Dia is Muire, a Chathail. Bhí mé ag súil le glaoch uait. Conas ar thaitin an scannán 'Troy' leat?
Cathal: Is eipic atá ann ceart go leor. Bhí sé ana-fhada ar fad ach tá áthas orm. Ní fhaca mé é an samhradh seo caite.
Ríona: Chonaic mise é an samhradh seo caite ach sílim go bhfuil 'Alexander' níos fearr ná é.
Cathal: Colin Farrell is cúis le sin is dócha?
Ríona: Ná bac Colin anois – an dtiocfaidh tú chuig scannán liom an t-seachtain seo chugainn, a Chathail?
Cathal: Tiocfaidh, cinnte. Cén scannán atá i gceist?
Ríona: 'Kingdom of Heaven', tá Orlando Bloom, Liam Neeson agus Eva Green ann.
Cathal: Iontach, cuir glao orm nuair a bheidh na ticéid agat, slán.
Ríona: Ach a Chathail, níl mise chun íoc – a Chathail! a Chathail!

Comhrá a Dó — Rian 8

Róise: Heló, a Chiara, Róise de Buitléir anseo.
Ciara: Dé do bheatha, a Róise. Goidé mar tá tú? Chuala mé go raibh tú san ospidéal.
Róise: Tháinig mé abhaile arú inné agus tá mé ag dul i bhfeabhas diaidh ar ndiaidh.
Ciara: Buíochas le Dia. Inis dom, mura mise leat, caidé go díreach a bhí cearr leat?
Róise: Bhí fadhb bheag agam le mo scamhóga. Deir na dochtúirí gur fhás mé ró-thapaidh.
Ciara: Cén airde thú anois, a Róise?

Róise: Timpeall sé throigh agus trí orlach.
Ciara: Cén uair a bheas tú ar ais linn sa chlub? Chailleamar go leor cluichí gan tú.
Róise: Chuir na dochtúirí comhairle orm gan imirt ar feadh míosa.
Ciara: Dá luaithe 'sea is fearr é, a Róise. Buailfidh mé isteach agat amárach.
Róise: Tá mé ag dréim go mór le tú a fheiceáil, a Chiara.

CUID C

Comhrá a Trí   Rian 9

Máistreás: Anois, a Sheáin. Inis dom cén fáth a bhfuil tú anseo in oifig an phríonhoide?
Seán: Cuireadh as an rang mé agus dúradh liom teacht chugatsa!
Máistreás: Cuireadh as an rang! Caithfidh go raibh tú an-dána ar fad.
Seán: Bhuail mo fón-póca os ard le linn an ranga.
Máistreás: Ar bhuail anois? Tuigeann tú na rialacha, a Sheáin. Tabhair dom an fón, le do thoil.
Seán: Ach beidh mo mháthair ag glaoch orm ag am lóin.
Máistreás: Freagróidh mé é agus inseoidh mé di cad a tharla.
Seán: Ná déan, le do thoil. Beidh mé i dtrioblóid cheart má chloiseann m'athair faoi!
Máistreás: 'Sé an trua nár smaoinigh tú air sin agus nár mhúch tú an fón nuair a tháinig tú isteach doras na scoile ar maidin. Anois tabhair dom an fón le do thoil. Fan siar tar éis na scoile tráthnóna amárach.
Seán: Tá an-bhrón orm faoi seo, a mháistreás.

CUID D

Píosa a hAon   Rian 10

Bhí an-oíche go deo i bPobalscoil an Ghleanna de hAoine seo caite nuair a osclaíodh gairdín na scoile go hoifigiúil. Ba é Gerry Daly a rinne an oscailt. Bhí baint ag múinteoirí, daltaí agus tuismitheoirí le cur le chéile an ghairdín. Is í an aidhm atá leis ná spéis i bplandaí agus sa dúlra a mhúscailt i bpobal na scoile. D'íoc iarscoláire a rinne go maith di fhéin ó d'fhág sí an scoil, as an gcostas. Tá garraíodóir ag obair go lánaimseartha sa scoil.

Píosa a Dó   Rian 11

Comhghairdeas leis an scríbhneoir Alan Titley. Bhuaigh Alan an phríomhdhuais i gcomórtas Bisto leis an leabhar 'Amach'. Is úrscéal do dhéagóirí é. Tá idir ghreann agus uafás ann. Ach thar aon rud eile tá scéal maith ann. Is é Aidan Harte a tharraing na pictiúir agus na léaráidí. Seacht euro agus caoga cent an praghas atá air. Tá ráfla amuigh anois go bhfuil TG4 ag smaoineamh ar scannán a dhéanamh de.

Píosa a Trí — Rian 12

Níor bhuaigh Mickey Harte an comórtas Eoraifíse sa bhliain dhá mhíle agus a trí, ach bhuaigh sé croíthe idir óg agus aosta nuair a ghlac sé páirt i gceolchoirm na Nollag sa Chlinic Lárnach i gCluain Tairbh. Bhí breis agus céad páiste ón gClinic i láthair ar an oíche. Chan siad gach amhrán in éineacht le Mickey. Buaileann ceoltóirí agus amhránaithe na tíre isteach sa Chlinic go minic chun siamsaíocht a chur ar fáil do na páistí a bhíonn ag freastal ar an gClinic.

Sampla 2 (2004)

CLUASTUISCINT (100 marc)

N.B. Bíodh na freagraí i nGaeilge ach amháin nuair nach gá sin.

CUID A

Cloisfidh tú giota cainte ó gach duine de *thriúr* daoine óga sa Chuid seo. Cloisfidh tú gach giota díobh *trí huaire*. Éist go cúramach leo agus líon isteach an t-eolas atá á lorg sna greillí ag **1, 2** agus **3** thíos.

1. An Chéad Chainteoir — Rian 13

Ainm	Fiachra Ó Dálaigh
Cén aois é?	
Cá bhfuil sé ina chónaí?	
Cathain a chuaigh Máire ar thuras scoile?	

2. An Dara Cainteoir — Rian 14

Ainm	Síle Ní Bhrádaigh
Slí bheatha a tuismitheoirí	
Cé mhéad deartháir atá aici?	
Cá bhfuil Ultan ag freastal ar an ollscoil?	

3. <u>**An Tríú Cainteoir**</u> Rian 15

Ainm	*Fionnuala Ní Chléirigh*
Cad as di?	
An spórt is fearr léi.	
Cad ba mhaith léi a dhéanamh i gceann bliana nó dhó?	

CUID B

Cloisfidh tú ***trí*** fhógra sa Chuid seo. Cloisfidh tú gach fógra díobh ***faoi dhó***. Éist go cúramach leo. Beidh sos tar éis gach casadh chun deis a thabhairt duit an ***dá*** cheist a ghabhann le gach fógra díobh a fhreagairt.

<u>**Fógra a hAon**</u> Rian 16

   (a)   (b)   (c)   (d)

1. Cén pictiúr a théann leis an bhfógra seo?

2. Cé mhéad atá ar an leabhar i siopa leabhar na scoile?
   (a) €50
   (b) €5
   (c) €15
   (d) €30

Fógra a Dó   Rian 17

(a)   (b)   (c)   (d)

1. Cén pictiúr a théann leis an bhfógra seo?

2. Cad is féidir a cheannach gach lá?

Fógra a Trí   Rian 18

(a)   (b)   (c)   (d)

1. Cén pictiúr a théann leis an bhfógra seo?

2. Cad a bheidh ann do Thomás agus dá bhean chéile?
   (a) Aifreann
   (b) cóisir speisialta
   (c) dinnéar san óstán
   (d) turas thar lear

CUID C

Cloisfidh tú *trí cinn* de chomhráite teileafóin sa Chuid seo. Cloisfidh tú gach comhrá díobh *trí huaire*. Cloisfidh tú an comhrá ó thosach deireadh an chéad uair. Ansin cloisfidh tú é ina 2 mhír. Beidh sos tar éis gach mír díobh chun deis a thabhairt duit an cheist a bhaineann leis an mír sin a fhreagairt. Ina dhiaidh sin cloisfidh tú an comhrá ó thosach deireadh arís.

Comhrá a hAon — Rian 19

An Chéad Mhír

(a)   (b)   (c)   (d)

1. Cad a chaill Gearóid?

An Dara Mír

2. Cá raibh Gearóid agus Úna i dtosach aréir?
   (a) sa phictiúrlann
   (b) i dteach Shorcha
   (c) i siopa
   (d) sa chlub óige

Comhrá a Dó — Rian 20

An Chéad Mhír

(a)   (b)   (c)   (d)

1. Cén áit sa Fhrainc ina raibh Donncha?

An Dara Mír

2. Conas a bhí na daoine sa Fhrainc?
   (a) greannmhar
   (b) cairdiúil
   (c) áthasach
   (d) brónach

Comhrá a Trí — Rian 21

An Chéad Mhír

   (a)   (b)   (c)   (d)

1. Cad bhí á dhéanamh ag an nGarda Ó Broin?

An Dara Mír

2. Cad is breá le Mícheál a dhéanamh?
    (a) peil a imirt
    (b) dul ag rothaíocht
    (c) cabhrú le daoine
    (d) éisteacht le ceol

CUID D

Cloisfidh tú *trí cinn* de phíosaí ón raidió sa Chuid seo. Cloisfidh tú gach píosa díobh *faoi dhó*. Éist go cúramach leo agus freagair an *dá* cheist a ghabhann le gach píosa díobh.

Píosa a hAon — Rian 22

   (a)   (b)   (c)   (d)

1. Cá raibh lucht leanúna Glasgow Celtic?

2. Cad a dhéanann roinnt daoine as na Rosa nuair a bhíonn Glasgow Celtic ag imirt?
    (a) téann said chun iad a fheiceáil
    (b) téann said ar saoire
    (c) téann said ag rothaíocht
    (d) féachann said ar an teilifís

Píosa a Dó — Rian 23

(a) (b) (c) (d)

1. Cén pictiúr a théann leis an bpíosa seo?

2. Cé a úsáidfidh an córas seo i mbliana?

Píosa a Trí — Rian 24

(a) (b) (c) (d)

1. Cad atá á dhéanamh ag Siobhán agus a cairde?

2. Cad ba mhaith le Siobhán a chloisteáil?
   (a) an múinteoir
   (b) amhrán
   (c) dán
   (d) na héin ag canadh ar maidin

Sampla 2 (2004) (Worked Example)

CLUASTUISCINT (100 marc)

N.B. Bíodh na freagraí i nGaeilge ach amháin nuair nach gá sin.

CUID A

Cloisfidh tú giota cainte ó gach duine de **thriúr** daoine óga sa Chuid seo. Cloisfidh tú gach giota díobh **trí huaire**. Éist go cúramach leo agus líon isteach an t-eolas atá á lorg sna greillí ag **1, 2** agus **3** thíos.

1.   An Chéad Chainteoir   Rian 13

Ainm	Fiachra ó Dálaigh
Cén aois é?	Tá sé cúig bliana déag d'aois. *('Cúig déag bliana d'aois' would do.)*
Cá bhfuil sé ina chónaí?	Tá cónaí air i gcathair Chill Chainnigh. *('i gcathair Chill Chainnigh' would do.)*
Cathain a chuaigh Máire ar thuras scoile?	Ar maidin.

2.   An Dara Cainteoir   Rian 14

Ainm	Síle Ní Bhrádaigh
Slí bheatha a tuismitheoirí	Is feirmeoirí iad.
Cé mhéad deartháir atá aici?	Tá beirt dheartháireacha aici.
Cá bhfuil Ultan ag freastal ar an ollscoil?	I mBéal Feirste.

3.   An Tríú Cainteoir   Rian 15

Ainm	Fionnuala Ní Chléirigh
Cad as di?	Is as Sligeach di. *('as Sligeach' would do.)*
An spórt is fearr léi.	Peil ghaelach.
Cad ba mhaith léi a dhéanamh i gceann bliana nó dhó?	Ba mhaith léi imirt don chontae. *('imirt don chontae' – would do.)*

CUID B

Cloisfidh tú *trí* fhógra sa Chuid seo. Cloisfidh tú gach fógra díobh *faoi dhó*. Éist go cúramach leo. Beidh sos tar éis gach casadh chun deis a thabhairt duit an *dá* cheist a ghabhann le gach fógra díobh a fhreagairt.

Fógra a hAon   Rian 16

(a)   (b)   (c)   (d)

1. Cén pictiúr a théann leis an bhfógra seo?   `b`

2. Cé mhéad atá ar an leabhar i siopa leabhar na scoile?
   (a) €50
   (b) €5
   (c) €15   `b`
   (d) €30

Fógra a Dó   Rian 17

(a)   (b)   (c)   (d)

1. Cén pictiúr a théann leis an bhfógra seo?   `c`

2. Cad is féidir a cheannach gach lá?

   An páipéar *Lá*.

Cluastuiscint

Fógra a Trí
Rian 18

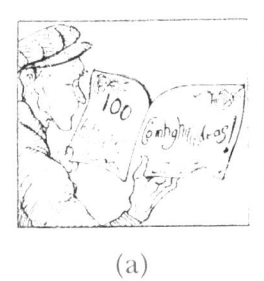

(a) (b) (c) (d)

1. Cén pictiúr a théann leis an bhfógra seo? **a**

2. Cad a bheidh ann do Thomás agus dá bhean chéile?
   (a) Aifreann
   (b) cóisir speisialta
   (c) dinnéar san óstán **b**
   (d) turas thar lear

CUID C

Cloisfidh tú *trí cinn* de chomhráite teileafóin sa Chuid seo. Cloisfidh tú gach comhrá díobh *trí huaire*. Cloisfidh tú an comhrá ó thosach deireadh an chéad uair. Ansin cloisfidh tú é ina 2 mhír. Beidh sos tar éis gach mír díobh chun deis a thabhairt duit an cheist a bhaineann leis an mír sin a fhreagairt. Ina dhiaidh sin cloisfidh tú an comhrá ó thosach deireadh arís.

Comhrá a hAon
Rian 19

An Chéad Mhír

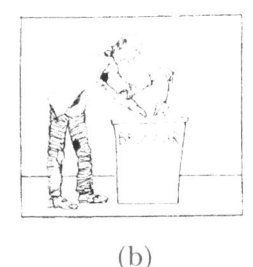

(a) (b) (c) (d)

1. Cad a chaill Gearóid? **c**

An Dara Mír

2. Cá raibh Gearóid agus Úna i dtosach aréir?
   (a) sa phictiúrlann
   (b) i dteach Shorcha
   (c) i siopa **b**
   (d) sa chlub óige

Comhrá a Dó Rian 20

An Chéad Mhír

(a) (b) (c) (d)

1. Cén áit sa Fhrainc ina raibh Donncha? ⬚ a

An Dara Mír

2. Conas a bhí na daoine sa Fhrainc?
   (a) greannmhar
   (b) cairdiúil
   (c) áthasach   ⬚ b
   (d) brónach

Comhrá a Trí Rian 21

An Chéad Mhír

(a) (b) (c) (d)

1. Cad bhí á dhéanamh ag an nGarda Ó Broin? ⬚ c

An Dara Mír

2. Cad is breá le Mícheál a dhéanamh?
   (a) peil a imirt
   (b) dul ag rothaíocht
   (c) cabhrú le daoine   ⬚ c
   (d) éisteacht le ceol

CUID D

Cloisfidh tú *trí cinn* de phíosaí ón raidió sa Chuid seo. Cloisfidh tú gach píosa díobh *faoi dhó*. Éist go cúramach leo agus freagair an *dá* cheist a ghabhann le gach píosa díobh.

Píosa a hAon — Rian 22

(a)    (b)    (c)    (d)

1. Cá raibh lucht leanúna Glasgow Celtic?   **d**

2. Cad a dhéanann roinnt daoine as na Rosa nuair a bhíonn Glasgow Celtic ag imirt?
   (a) téann said chun iad a fheiceáil
   (b) téann said ar saoire
   (c) téann said ag rothaíocht
   (d) féachann said ar an teilifís

   a

Píosa a Dó — Rian 23

(a)    (b)    (c)    (d)

1. Cén pictiúr a théann leis an bpíosa seo?   **b**

2. Cé a úsáidfidh an córas seo i mbliana?
   An cúigiú (5ú) agus an séú (6ú) bliain.

Píosa a Trí   Rian 24

(a)   (b)   (c)   (d)

1. Cad atá á dhéanamh ag Siobhán agus a cairde?   [c]

2. Cad ba mhaith le Siobhán a chloisteáil?
   (a) an múinteoir
   (b) amhrán
   (c) dán   [b]
   (d) na héin ag canadh ar maidin

Téipscript Sampla 2 (2004)

Léigh anois go cúramach, ar do scrúdpháipéar, na treoracha agus na ceisteanna a ghabhann le Cuid A.

CUID A

An Chéad Chainteoir   Rian 13

Dia daoibh! Fiachra Ó Dálaigh is ainm dom. Tá mé cúig bliana déag d'aois. Tá cónaí orm i gcathair Chill Chainnigh. Tá mé trína chéile ar fad inniu mar ní féidir liom mo lámh a leagan ar mo chóip de Harry Potter and the Order of the Phoenix. Níl mé ach leathbhealach tríd. Tá súil agam nár thóg mo dheirfiúr Máire é nuair a bhí sí ag dul ar thuras scoile go dtí an Bhreatain Bheag ar maidin.

An Dara Cainteoir   Rian 14

Goidé mar atá sibh? Síle Ní Bhrádaigh ag labhairt libh. Tá mí i mo chónaí dhá mhíle taobh amuigh de Chluain Eois i gCo. Mhuineacháin. Is feirmeoirí iad mo thuismitheoirí. Bíonn lá oibre an-fhada acu agus is beag sos a thógann siad i rith na bliana. Tá beirt dheartháireacha agam, Ultan agus Séamas. Freastalaíonn Ultan ar an ollscoil i mBéal Feirste agus oibríonn Séamas sa mhonarcha áitiúil. Ba mhaith liom a bheith im' aisteoir amach anseo.

An Tríú Cainteoir   Rian 15

Cén chaoi a bhfuil sibh? Is mise Fionnuala Ní Chléirigh. Is as Sligeach mé. Tá mé ar scoil i gClochar na Trócaire. Is aoibhinn liom mo shaol i láthair na huaire mar tá mé an-sona sa bhaile agus ar scoil. Chomh maith leis seo tá a lán cairde maithe agam. Is í an pheil ghaelach an spórt is fearr liom agus imrím féin í leis an gclub áitiúil. Ba mhaith liom imirt don chontae i gceann bliana nó dhó.

CUID B

Léigh anois go cúramach, ar do scrúdpháipéar, na treoracha agus na ceisteanna a ghabhann le Cuid B.

Fógra a hAon   Rian 16

An Príomhoide anseo. A mhúinteoirí agus a dhaltaí, gabhaim pardún agaibh ach tá fógra agam daoibh ón nGarda Síochána. Tabharfaidh na Gardaí cuairt ar na ranganna go léir an tseachtain seo chugainn agus labhróidh siad libh mar gheall ar rialacha an bhóthair. Iarrtar ar dhaltaí cóip den leabhar Rialacha an Bhóthair a bheith acu le linn na cainte. Is féidir an leabhar sin a cheannach i siopa leabhar na scoile ar €5.

Fógra a Dó   Rian 17

Ar mhaith leat post mar iriseoir páirtaimseartha? Éistigí leis seo más ea. Tá an nuachtán *Lá* ag lorg daoine óga chun ailt a chur ar fáil dóibh go rialta ar chúrsaí ceoil agus ar leabhair do dhaoine óga. Má tá Gaeilge mhaith agat agus spéis agat i gcúrsaí ceoil agus i leabhair, seol CV chuig *Lá* agus déanfar teagmháil leat. Cuirfear cúrsa traenála ar fáil dóibh siúd a cheapfar. Is féidir an páipéar seo a cheannach gach lá.

Fógra a Trí   Rian 18

Dé Céadaoin seo chugainn ceiliúrfaidh Tomás Ó Ríordáin a lá breithe. Beidh Tomás céad bliain d'aois ar an lá sin. Is é Tomás an duine is sine sa pharóiste seo. In onóir don ócáid seo beidh cóisir speisialta do Thomás agus a bhean chéile, Bríd, i Halla an Phobail, an tráthnóna sin. Beidh fáilte roimh gach éinne ón bparóiste ag an gcóisir. Beidh aíonna speisialta i láthair agus tosóidh na himeachtaí ar a hocht.

CUID C

Léigh anois go cúramach, ar do scrúdpháipéar, na treoracha agus na ceisteanna a ghabhann le Cuid C.

Comhrá a hAon   Rian 19

Gearóid: Bail ó Dhia ort ar maidin a Úna! Gearóid Ó Dufaigh anseo.
Úna: An bhail chéanna ort, a Ghearóid. Nach tusa atá éirithe luath maidin Shathairn?
Gearóid: Agus cúis mhaith agam leis. Sílim, a Úna, gur chaill mé mo chárta aitheantais aréir.
Úna: Tóg bog é, a Ghearóid. Téigh siar, céim ar chéim, ar gach rud a rinneamar aréir. Cuimhneoidh tú ar cad a rinne tú leis ansin.
Sos
Gearóid: I dtosach bhíomar i dteach Shorcha. Ansin chuamar go dtí Cheers.
Úna: Nár thaispeáin tú do chárta aitheantais do Superman ag an doras?
Gearóid: Thaispeáin. Níor aithin sé mé, i dtús báire, ón ngrianghraf ach thug sé ar ais dom é nuair a lig sé isteach mé.
Úna: B'fhéidir gur thug tú é do Shorcha mar bhí mála láimhe aici.
Gearóid: Maith thú, a Úna. B'in an rud a rinne mé. Is cuimhin liom anois é.

Comhrá a Dó   Rian 20

Donncha: Haló a Bhriain! Donncha Ó Dúill anseo.
Brian: 'Sea, a Dhonncha! Níor chuala mé uait le fada. Cá raibh tú?
Donncha: Bhí mé sa Fhrainc le bliain anuas ag foghlaim Fraincise.
Brian: Go hiontach, a Dhonncha. Cén chuid den Fhrainc ina raibh tú?
Donncha: I bPáras. Bhí mé ag fanacht le teaghlach agus ag dul ar scoil ansin freisin.
Brian: Scoil! Caithfidh go raibh sé sin dian go leor ort. Ar thuig tú na múinteoirí?
Sos
Donncha: Bhí sé deacair i dtosach ach chuaigh mé i dtaithí air tar éis tamaill.
Brian: An raibh na Francaigh cairdiúil?
Donncha: Bhí, ach is daoine bródúla iad freisin. Tá siad an-bhródúil as an bhFraincis agus ní labhraíonn siad Béarla leat.
Brian: Tuigim, a Dhonncha. Is beag rogha a bhí agat mar sin ach luí isteach ar an bhFraincis.
Donncha: An ceart ar fad agat, a Bhriain.

Comhrá a Trí   Rian 21

An Garda: Coláiste an Teampaill Mhóir. An Garda Ó Broin ag caint.
Mícheál: Dia duit, a Gharda. Is mise Mícheál Ó Duibhir. Tá eolas uaim faoi shaol an Gharda Síochána mar ba mhaith liom a bheith i mo Gharda.
An Garda: Cén aois thú, a Mhichíl, agus cén airde thú?

Mícheál: Tá mé cúig bliana déag d'aois agus sé throigh ceithre orlach ar airde.
Sos
An Garda: Cén fáth ar mhaith leat a bheith i do Gharda Síochána, a Mhichíl?
Mícheál: Is breá liom cabhrú le daoine. Chomh maith leis sin is maith liom an **éide** nua atá ag an bhfórsa.
An Garda: Mholfainn duit an Ardteistiméireacht a dhéanamh. Ansin is féidir leat cur isteach ar an scrúdú iontrála i gcomhair Choláiste an Teampaill Mhóir.
Mícheál: Dúirt an múinteoir Treoir Ghairme liom go bhfuil leabhrán eolais agaibh. An féidir leat é sin a chur chugam le do thoil, a Gharda?
An Garda: Is féidir liom, a Mhichíl. Tabhair dom do sheoladh le do thoil.

CUID D

Léigh anois go cúramach, ar do scrúdpháipéar, na treoracha agus na ceisteanna a ghabhann le Cuid D.

Píosa a hAon   Rian 22

Bhí go leor léinte glasa agus bána le feiceáil fá cheantar Anagaire an deireadh seachtaine seo caite. Bhí teacht le chéile ag lucht leanúna Glasgow Celtic ann in Óstán an Chaisleáin Óir agus i dtigh tábhairne Uí Shearcaigh. Tá ceangal láidir idir ceantar na Rosann agus Glasgow Celtic le fada an lá. Bunaíodh club tacaíochta Glasgow Celtic sna Rosa roinnt blianta ó shin. Anois nuair a bhíonn Glasgow Celtic ag imirt téann a lán daoine as na Rosa chun iad a fheiceáil.

Píosa a Dó   Rian 23

Tá Pobalscoil Áine chun tosaigh ar go leor scoileanna eile sa tír faoi láthair. As seo amach beidh daltaí Phobalscoil Áine ábalta torthaí a gcuid scrúduithe scoile a fháil ar an Idirlíon. Tá suíomh gréasáin nua ag an scoil. Tabharfar cód agus uimhir speisialta do gach dalta. Úsáidfidh an 5ú agus 6ú bliain an córas seo. Má oibríonn sé i gceart bainfear úsáid as sna blianta eile.

Píosa a Trí   Rian 24

Fáilte romhaibh chuig an gclár Togha agus Rogha ar RTÉ Raidió na Gaeltachta. As seo go ceann uair a' chloig nó mar sin beidh iarratais agus ceol agam daoibh. Tá iarratas anseo agam ó Shiobhán Bhreathnach. Tá Siobhán agus a cairde i gClochar na Toirbhirte ag déanamh An Teastais Shóisearaigh agus ba mhaith le Siobhán amhrán ar bith a chloisteáil chun sos ó na leabhair a thógáil. 'Fágfaidh mé an rogha fút féin', a deir sí sa nóta r-phoist a fuair mé uaithi. Seo duit, a Shiobhán, *An Raicín Álainn* le Lasairfhíona Ní Chonaola.

Sin deireadh na trialach. Slán agaibh!

Sampla 3 (2003)

CLUASTUISCINT (100 marc)

N.B. BÍODH GACH FREAGRA AS GAEILGE ACH AMHÁIN NUAIR NACH GÁ SIN.

CUID A

Cloisfidh tú giota cainte ó gach duine de **thriúr** daoine óga sa Chuid seo. Cloisfidh tú gach giota díobh **trí huaire**. Éist go cúramach leo agus líon isteach an t-eolas atá á lorg sna greillí ag 1, 2 agus 3 thíos.

1. An Chéad Chainteoir Rian 25

Ainm	Eibhlín Seoighe
Cár rugadh í?	
A haois nuair a d'fhág sí Bostún.	
An maith léi a bheith ar scoil?	

2. An Dara Cainteoir Rian 26

Ainm	Mícheál Ó Cinnéide
Cá bhfuil sé ina chónaí?	
Cluiche amháin a imríonn sé.	
Cén tslí bheatha ba mhaith leis?	

3. An Tríú Cainteoir Rian 27

Ainm	Seán Mac Grianna
Cé mhéad mí a chaitheann sé sa Ghaeltacht gach samhradh?	
Cad a thaitníonn go mór leis?	
Cén gléas ceoil a sheinneann sé?	

CUID B

Cloisfidh tú *trí* fhógra sa Chuid seo. Cloisfidh tú gach fógra díobh *faoi dhó*. Éist go cúramach leo. Beidh sos tar éis gach casadh chun deis a thabhairt duit an *dá* cheist a ghabhann le gach fógra díobh a fhreagairt.

Fógra a hAon — Rian 28

(a)   (b)   (c)   (d)

1. Cén pictiúr a théann leis an bhfógra seo?

2. Cad a bhuaigh Treasa Ní Dhubhda agus Sabrina Ní Ruairc?
   (a) comórtas gailf
   (b) ceirníní
   (c) dhá leabhar
   (d) ticéid don dioscó

Fógra a Dó — Rian 29

(a)   (b)   (c)   (d)

1. Cén pictiúr a théann leis an bhfógra seo?

2. Cé mhéad euro a bheidh ag dul don aiste is fearr?

Fógra a Trí   Rian 30

(a)   (b)   (c)   (d)

1. Cén pictiúr a théann leis an bhfógra seo?

2. Cathain a tógadh na grianghraif?
   (a) inné
   (b) breis agus caoga bliain ó shin
   (c) an tseachtain seo caite
   (d) sa samhradh

CUID C

Cloisfidh tú *trí cinn* de chomhráite teileafóin sa Chuid seo. Cloisfidh tú gach comhrá díobh *trí huaire*. Cloisfidh tú an comhrá ó thosach deireadh an chéad uair. Ansin cloisfidh tú é ina dhá mhír. Beidh sos tar éis gach mír díobh chun deis a thabhairt duit an cheist a bhaineann leis an mír sin a fhreagairt. Ina dhiaidh sin cloisfidh tú an comhrá ó thosach deireadh arís.

Comhrá a hAon   Rian 31

An Chéad Mhír

(a)   (b)   (c)   (d)

1. Cá raibh Sinéad?

An Dara Mír

2. Cathain a bhuailfidh Pádraig le Sinéad?
   (a) anocht
   (b) amárach tar éis scoile
   (c) an mhí seo chugainn
   (d) i gceann seachtaine

Cluastuiscint

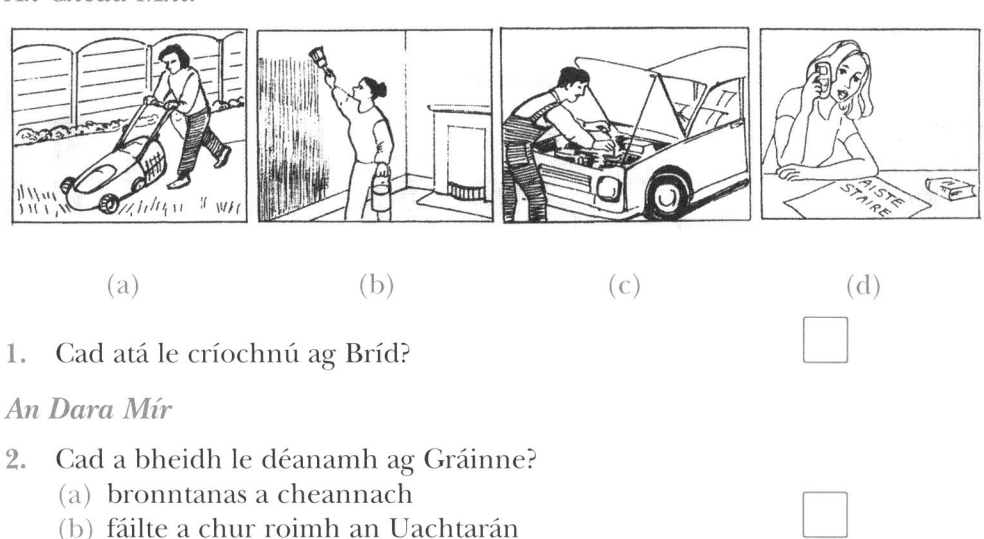

Comhrá a Dó Rian 32

An Chéad Mhír

  (a)   (b)   (c)   (d)

1. Cad atá le críochnú ag Bríd? ☐

An Dara Mír

2. Cad a bheidh le déanamh ag Gráinne?
   (a) bronntanas a cheannach
   (b) fáilte a chur roimh an Uachtarán
   (c) bláthanna a chur sa halla
   (d) béile a ullmhú ☐

Comhrá a Trí Rian 33

An Chéad Mhír

  (a)   (b)   (c)   (d)

1. Cé leis a raibh Ruairí ag labhairt? ☐

An Dara Mír

2. Cad é an rud nach bhfaca tuismitheoirí Ruairí?
   (a) an cluiche peile
   (b) an scannán *Lord of the Rings*
   (c) an clár teilifíse
   (d) an leabhar ☐

CUID D

Cloisfidh tú *trí cinn* de phíosaí ón raidió sa Chuid seo. Cloisfidh tú gach píosa díobh *faoi dhó*. Éist go cúramach leo agus freagair an *dá* cheist a ghabhann le gach píosa díobh.

Píosa a hAon   Rian 34

(a)   (b)   (c)   (d)

1. Cén comórtas a bheidh ar siúl san RDS?

2. Cén lá a chríochnóidh an comórtas?
   (a) An Luan
   (b) An Satharn
   (c) An Aoine
   (d) An Domhnach

Píosa a Dó   Rian 35

(a)   (b)   (c)   (d)

1. Cén pictiúr a théann leis an bpíosa seo?

2. Cad a bhíonn le cloisteáil ag daoine óga go minic?

Cluastuiscint

Píosa a Trí Rian 36

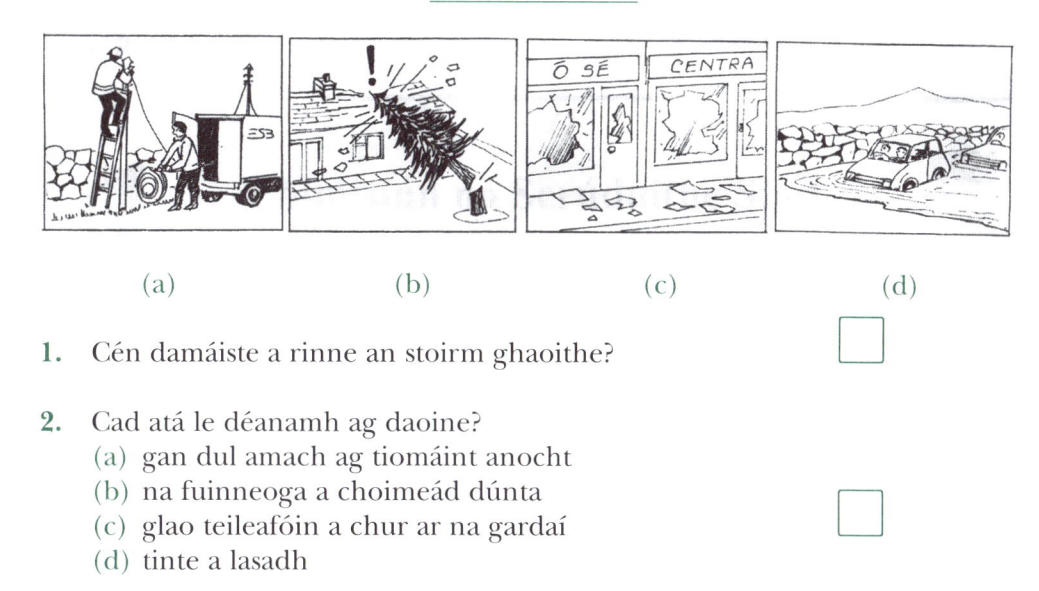

| (a) | (b) | (c) | (d) |

1. Cén damáiste a rinne an stoirm ghaoithe?

2. Cad atá le déanamh ag daoine?
    (a) gan dul amach ag tiomáint anocht
    (b) na fuinneoga a choimeád dúnta
    (c) glao teileafóin a chur ar na gardaí
    (d) tinte a lasadh

Téipscript Sampla 3 (2003)

CUID A

Léigh anois go cúramach, ar do scrúdpháipéar, na treoracha agus na ceisteanna a ghabhann le Cuid A.

An Chéad Chainteoir Rian 25

Dia daoibh! Eibhlín Seoighe is ainm dom. Rugadh mé i mBostún ach d'fhág mé nuair a bhí mé dhá bhliain d'aois. Tá mé i mo chónaí i mBéal an Átha i gContae Mhaigh Eo. Is as Inis Meáin do m'athair agus is Meiriceánach í mo mháthair. Ní maith liom a bheith ar scoil ar chor ar bith. D'fhágfainn í ar maidin ach ní thabharfadh mo thuismitheoirí cead dom é sin a dhéanamh.

An Dara Cainteoir Rian 26

Bail ó Dhia oraibh! Is mise Mícheál Ó Cinnéide. Tá cónaí orm i gCathair Luimnigh. Tá mé cúig bliana déag d'aois. Imrím rugbaí agus iománaíocht. Beidh sé deacair orm rogha a dhéanamh idir an dá spórt amach anseo ach rachaidh mé le rugbaí is dócha má bhíonn cúpla euro le déanamh as. Ba mhaith liom a bheith i mo dhochtúir nuair a fhásfaidh mé suas. Is dlíodóirí iad mo thuismitheoirí.

47

An Tríú Cainteoir   Rian 27

Caidé mar atá sibh? Seán Mac Grianna is ainm dom. Tá mé i mo chónaí i dTír an Iúir i mBaile Átha Cliath. Caithim dhá mhí gach samhradh sa Ghaeltacht i dTír Chonaill mar cónaíonn mo sheanathair i Rann na Feirste. Taitníonn an ceol go mór liom. Seinnim an giotár agus canaim amhráin fosta. Déanfaidh mé an idirbhliain an bhliain seo chugainn agus beidh dóthain ama agam ansin chun a bheith an cleachtadh le banna ceoil na scoile.

CUID B

Léigh anois go cúramach, ar do scrúdpháipéar, na treoracha agus na ceisteanna a ghabhann le Cuid B.

Fógra a hAon   Rian 28

An Príomhoide ag labhairt libh anseo. Tá cúpla fógra spóirt agam daoibh. I dtús báire, comhghairdeas le foireann sacair na scoile faoi sé déag a bhuaigh an cluiche ceannais i gCeatharlach inné. Fuair Máirtín Ó Drisceoil trí chúl sa chluiche agus tá an duais don imreoir is fearr sa chluiche ag dul dó. Comhghairdeas freisin le Treasa Ní Dhubhda agus Sabrina Ní Ruairc a bhuaigh an comórtas gailf i mBinn Éadair ar an gCéadaoin. Go raibh maith agaibh.

Fógra a Dó   Rian 29

Fógra agam daoibh tráthnóna ón bpáipéar nuachta, Foinse. Ceannaígí, a mhúinteoirí agus a dhaltaí, *Foinse* na seachtaine seo. Beidh gach eolas ann faoin gcomórtas 'Aiste sa Rang'. Is fiú daoibh cur isteach ar an gcomórtas seo mar tá duaiseanna breátha le fáil. Beidh míle euro ag dul don aiste is fearr ar fad a fuarthas i rith na bliana.

Fógra a Trí   Rian 30

Osclófar taispeántas grianghraf i Halla an Phobail Dé hAoine seo chugainn ar a hocht a chlog tráthnóna. Is grianghraif iad seo a tógadh breis agus caoga bliain ó shin. Baineann siad ar fad le muintir an cheantair agus leis an gceantar féin. Beidh catalóga speisialta ina mbeidh cóip de gach grianghraf atá ar taispeántas le ceannach ag an doras ar fiche euro an ceann. Úsáidfear an t-airgead a bhaileofar chun Áras na Sean a mhaisiú.

CUID C

Léigh anois go cúramach, ar do scrúdpháipéar, na treoracha agus na ceisteanna a ghabhann le Cuid C.

Cluastuiscint

Comhrá a hAon   Rian 31

Fuaim: guthán ag bualadh

Dia duit, a Phádraig. Sinéad Ní Shúilleabháin anseo.
Haló, a Shinéid! Níor chuala mé uait le fada. Cá raibh tú in aon chor?
Bhí mé san Iodáil ar thuras scoile le coicís anuas. Chaith mé seachtain sa Róimh agus seachtain eile i Sorrento.
Ó, a dhiabhail! Táim in éad leat! Ach inis dom faoi. Caithfidh go raibh an-am agat ann..
Is iontach an áit í an Róimh, go háirithe an tseanchathair. An t-aon rud a chuir isteach orm ná an aimsir. Bhí sí ró-the dom.
Cogar, a Shinéid, ar bhac tú le Pompeii nuair a bhí tú i Sorrento?
Chaitheamar lá amháin ann. Áit an-spéisiúil í. Rud eile, bhí an aimsir i bhfad níos fionnuaire ann.
Fáilte romhat abhaile, a Shinéid. Buailfidh mé leat amárach tar éis na scoile.

Comhrá a Dó   Rian 32

Fuaim: Guthán ag bualadh

Haigh, a Bhríd, Gráinne anseo.
Is ea, a Ghráinne. Céard atá uait? Tá mé ag iarraidh an aiste staire a chríochnú.
Ní chuirfidh mé moill ort, ach ar chuala tú an scéal?
Anois, a Ghráinne, ar chuala mé an scéal? Cén scéal in ainm Dé?
Go mbeidh an tUachtarán, Máire Mhic Giolla Íosa, ag teacht go dtí an scoil an mhí seo chugainn.
Is seanscéal é sin. An é sin an fáth ar ghlaoigh tú orm?
Is ea, agus ní hea. D'iarr an Príomhoide orm fáilte a chur roimh an Uachtarán ag an bpríomhdhoras agus dúirt sí liom cailín eile a fháil chun cabhrú liom ar an lá.
Agus bheadh grianghraf sna páipéir den bheirt againn?
Bheadh tusa ró-ghnóthach ar fad, a Bhríd, agus na haistí móra sin atá le déanamh agat. Labhróidh mé le Sorcha faoi.
Ach, a Ghráinne . . .

Comhrá a Trí   Rian 33

Is mise an leabharlannaí. An féidir liom cabhrú leat?
Ruairí Ó Cathasaigh is ainm dom. Labhair mé leat ar an bhfón inné.
Is cuimhin liom thú, a Ruairí. Bhí tú ag lorg cóip de *Lord of the Rings*.
Bhí mé, a leabharlannaí. An bhfuil cóip ar fáil?
Fan go bhfeicfidh mé. Tá an t-ádh leat, a Ruairí. Feicim ar an ríomhaire anseo gur tháinig cóip ar ais ar maidin.
Is breá liom sin a chloisteáil. Caithfidh mé comparáid a dhéanamh idir an scannán agus an leabhar don rang Béarla.

Ar mhaith leat an fhístéip a thógáil amach freisin?
Ba mhaith liom mura miste leat. Beidh mo thuismitheoirí in ann féachaint air freisin mar ní fhaca siad an scannán Lord of the Rings *nuair a bhí sé sa phictiúrlann.*
Anois, a Ruairí, taispeáin do chárta ballraíochta dom go mbreacfaidh mé síos na sonraí.

CUID D

Léigh anois go cúramach, ar do scrúdpháipéar, na treoracha agus na ceisteanna a ghabhann le Cuid D.

Píosa a hAon   Rian 34

Cuireadh tús le comórtas ESAT 'Eolaí Óg na Bliana' san RDS an tseachtain seo. I mbliana cuireadh aon cheann déag de thionscnaimh as Gaeilge isteach ar an gcomórtas. Tá brú mór ann anois daoine óga a mhealladh i dtreo na heolaíochta mar níl go leor daltaí ag déanamh na n-ábhar eolaíochta ar scoil. Chuir níos mó cailíní isteach ar an gcomórtas i mbliana. Críochnóidh an comórtas ar a hocht a chlog tráthnóna Dé Sathairn.

Píosa a Dó   Rian 35

Tá ag éirí thar barr le Raidió na Life i mBaile Átha Cliath. I láthair na huaire, tá ceathrar ag obair ann go lánaimseartha. Bíonn ceol do dhaoine óga le cloisteáil ar an stáisiún go minic. Tá Raidió na Life ar an aer le breis agus deich mbliana. Is í Fionnuala Nic Aodha ceannasaí an stáisiúin. Deir sí go bhfuil sí an-bhródúil as a bhfuil déanta go dtí seo ag Raidió na Life.

Píosa a Trí   Rian 36

Rinne stoirm ghaoithe aréir mórán damáiste ar fud na tíre. I gContae na Mí, bhí an t-ádh le teaghlach nuair a thit crann mór a bhí ag fás sa chúlghairdín trí dhíon an tí. Níor gortaíodh éinne mar bhí an teaghlach ar fad amuigh ag siopadóireacht san Uaimh ag an am. Leanfaidh na gálaí gaoithe ar aghaidh inniu agus amárach, go háirithe i dtuaisceart na tíre. Iarrtar ar dhaoine gan dul amach ag tiomáint anocht ar na bóithre ach i gcásanna a bhfuil géarghá leo.

Sampla 2 (2002)

CLUASTUISCINT (100 marc)

N.B. BÍODH GACH FREAGRA AS GAEILGE ACH AMHÁIN NUAIR ANCH GÁ SIN.

CUID A

Cloisfidh tú giota cainte ó gach duine de **thriúr** daoine óga sa Chuid seo. Cloisfidh tú gach giota díobh **trí huaire**. Éist go cúramach leo agus líon isteach an t-eolas atá á lorg sna greillí ag 1, 2 agus 3 thíos.

1.   **An Chéad Chainteoir**   Rian 37

Ainm	Máire Ní Loinsigh
Cár rugadh agus tógadh í?	
Cén aois í?	
Slí bheatha a máthar.	

2.   **An Dara Cainteoir**   Rian 35

Ainm	Féilim Ó Dochartaigh
An sórt scoile ina bhfuil sé.	
An maith leis bheith ar scoil?	
Cá mbíonn sé ag obair?	

3.   **An Tríú Cainteoir**   Rian 39

Ainm	Pádraic Mac a' tSaoi
An cluice a imríonn sé.	
Cathain a d'imir sé sa Staid Náisiúnta?	
Cén airde é?	

CUID B

Cloisfidh tú *trí* fhógra sa Chuid seo. Cloisfidh tú gach fógra díobh *faoi dhó*. Éist go cúramach leo. Beidh sos tar éis gach casadh chun deis a thabhairt duit an *dá* cheist a ghabhann le gach fógra díobh a fhreagairt.

Fógra a hAon — Rian 40

(a)   (b)   (c)   (d)

1. Cén pictiúr a théann leis an bhfógra seo?

2. Cá mbeidh na daltaí má bhíonn sé ag cur báistí?
   (a) sa phictiúrlann
   (b) sa bhaile
   (c) sna seomraí ranga
   (d) sa charr

Fógra a Dó — Rian 41

(a)   (b)   (c)   (d)

1. Cén pictiúr a théann leis an bhfógra seo?

2. Cén t-am a dhéanfar an oscailt oifigiúil?

Cluastuiscint

Fógra a Trí Rian 42

    (a)   (b)   (c)   (d)

1. Cén pictiúr a théann leis an bhfógra seo?

2. Cad atá le déanamh má tá madra agat?
   (a) é a thabhairt amach ag siúl
   (b) é a choinneáil istigh istoíche
   (c) bia ceart a thabhairt dó
   (d) é a thabhairt ag snámh

CUID C

Cloisfidh tú *trí cinn* de chomhráite teileafóin sa Chuid seo. Cloisfidh tú gach comhrá díobh *trí huaire*. Cloisfidh tú an comhrá ó thosach deireadh an chéad uair. Ansin cloisfidh tú é ina dhá mhír. Beidh sos tar éis gach mír díobh chun deis a thabhairt duit an cheist a bhaineann leis an mír sin a fhreagairt. Ina dhiaidh sin cloisfidh tú an comhrá ó thosach deireadh arís.

Comhrá a hAon Rian 43

An Chéad Mhír

    (a)   (b)   (c)   (d)

1. Cá raibh Mícheál ag an deireadh seachtaine?

An Dara Mír

2. Conas a bhí an aimsir?
   (a) tirim
   (b) fliuch
   (c) grianmhar
   (d) gaofar

Comhrá a Dó — Rian 44

An Chéad Mhír

(a)    (b)    (c)    (d)

1. Cá ndeachaigh Brian?

An Dara Mír

2. Cá raibh Eibhlín ar a laethanta saoire?
   (a) sa Ghearmáin
   (b) i Sasana
   (c) sa Spáinn
   (d) in Éirinn

Comhrá a Trí — Rian 45

An Chéad Mhír

(a)    (b)    (c)    (d)

1. Cad a rinne Sibéal?

An Dara Mír

2. Cá raibh sí ag obair an samhradh seo caite?
   (a) i Sasana
   (b) san Afraic
   (c) in ollmhargadh
   (d) faoin tuath

Cluastuiscint

CUID D

Cloisfidh tú *trí cinn* de phíosaí ón raidió sa Chuid seo. Cloisfidh tú gach píosa díobh *faoi dhó*. Éist go cúramach leo agus freagair an *dá* cheist a ghabhann le gach píosa díobh.

Píosa a hAon   Rian 46

(a)   (b)   (c)   (d)

1. Cé a úsáidfidh na gluaisrothair?

2. Cé mhéad a chosain gach ceann de na gluaisrothair?
   (a) €3,000
   (b) €15,000
   (c) €300
   (d) €10,000

Píosa a Dó   Rian 47

(a)   (b)   (c)   (d)

1. Cén pictiúr a théann leis an bpíosa seo?

2. Cé mhéad míle atá idir Ceann Trá agus an Daingean?

Píosa a Trí Rian 48

(a) (b) (c) (d)

1. Cad a bhíonn le cloisteáil ag na daltaí ag am lóin?

2. Cén plean atá ag na daltaí?
    (a) ranganna ceoil a bheith acu
    (b) lón a bheith acu
    (c) raidió scoile a thosú
    (d) dul go Baile Átha Cliath

Téipscript Sampla 2 (2002)

CUID A

Léigh anois go cúramach, ar do scrúdpháipéar, na treoracha agus na ceisteanna a ghabhann le Cuid A.

An Chéad Chainteoir Rian 37

Dia daoibh! Tá súil agam go bhfuil sibh go maith. Is mise Máire Ní Loinsigh. Rugadh agus tógadh mé i gContae na Mí. Tá mé sé bliana déag d'aois. Is as Contae an Longfoirt do m'athair. Is oifigeach é san arm. Tá sé ag obair thar lear faoi láthair le fórsaí na Náisiún Aontaithe. Is maor tráchta í mo mháthair. Uaireanta, ní bhíonn daoine ró-dheas léi má chuireann sí ticéad ar charranna a bhíonn páirceáilte sa áit mhícheart.

An Dara Cainteoir Rian 38

Feidhlim Ó Dochartaigh ag labhairt libh anseo, a chairde. Caidé mar atá sibh? Is as Droichead Átha, Contae Lú, mé. Tá mé ag freastal ar an bpobalscoil áitiúil. Ní maith liom a bheith ar scoil ar chor ar bith. Táim ag súil leis an lá a bheidh mé críochnaithe. Teastaíonn uaim a bheith i mo mheicneoir amach anseo. Caithim achan uair a bhíonn saor agam ag obair i ngaráiste m'uncail. Tá garáiste mór aige ar imeall an bhaile.

An Tríú Cainteoir — Rian 39

Cén chaoi a bhfuil sibh? Pádraig Mac an tSaoi is ainm dom. Tá mé i mo chónaí taobh amuigh de Bhéal Átha na Sluaighe, i gContae na Gaillimhe. Imrím cispheil agus tá mé ar an bhfoireann náisiúnta. D'imir mé cluiche mór sa Staid Náisiúnta Cispheile, i dTamhlacht, an tseachtain seo caite. Tá mé sé troigh agus sé horlach ar airde. Ba bhreá liom dul go Meiriceá agus cispheil a imirt ansin, ach níl mo thuismitheoirí ró-shásta leis an smaoineamh sin.

CUID B

Léigh anois go cúramach, ar do scrúdpháipéar, na treoracha agus na ceisteanna a ghabhann le Cuid B.

Fógra a hAon — Rian 40

Gabhaim pardún agaibh, a mhúinteoirí agus a dhaltaí, ach tá fógra práinneach agam daoibh. Beidh an halla spóirt dúnta go ceann seachtaine. Briseadh isteach ann aréir agus deineadh mórán damáiste ann. Tógfaidh sé seachtain ar a laghad an áit a dheisiú arís. Idir an dá linn, is amuigh ar an bpáirc peile a bheidh na ranganna corpoideachais. Má bhíonn sé ag cur báistí iarrtar oraibh fanacht sna seomraí ranga.

Fógra a Dó — Rian 41

Osclófar Féile na bPortach sa Tulach Mhór Dé Domhnaigh seo chugainn. Is í an tUachtarán, Máire Mhic Ghiolla Íosa, a dhéanfaidh an oscailt oifigiúil ar a dó a chlog. Beidh turasanna agus léachtanna ar siúl i rith na seachtaine. Taispeánfar do dhaoine an tábhacht a bhaineann leis na portaigh. Rachaidh clár speisialta raidió agus teilifíse amach faoi phortaigh na hÉireann freisin. Eagrófar comórtas do scoileanna áitiúla chun spéis na ndaltaí san ábhar seo a mhúscailt.

Fógra a Trí — Rian 42

Fógra anseo ó na Gardaí Síochána. Iarrtar an úinéirí madraí a gcuid madraí a choinneáil istigh istoíche. Maraíodh a lán caorach le cúpla mí anuas. Madraí strae ba chúis leis seo. Ní mór ainm an úinéara a bheith ar strapa ar mhuineál gach madra i gcónaí. Cuirfear an dlí ar úinéirí madraí nach leanann an rialachán seo. Má tá madra agat coinnigh súil air agus ná lig don mhadra a bheith ag rith timpeall gan smacht.

CUID C

Léigh anois go cúramach, ar do scrúdpháipéar, na treoracha agus na ceisteanna a ghabhann le Cuid C.

Comhrá a hAon   Rian 43

Fuaim: guthán ag bualadh

Dia duit, a Thríona. Mícheál anseo.
Dia is Muire duit, a Mhichíl. Bhí mé ag smaoineamh ort. Ar bhain tú taitneamh as an gceolchoirm ag an deireadh seachtaine seo caite?
Bhain mé cinnte. Shíl mé go raibh David Gray ar fheabhas ar fad. Tá na focail as 'This Year's Love' ag rith trí mo cheann gan stad.
Mhuise, nach mór an díol trua tú. Shíl mise go raibh David Kitt níos fearr ná é.
Nach raibh an slua go hiontach? Bhí na hamhráin ar fad de ghlanmheabhair acu agus níor chuir an bháisteach isteach orthu ar chor ar bith.
Bí ag caint ar shuíomh, a Mhichíl, le haighaidh ceolchoirme. Sléibhte Bhaile Átha Cliath taobh thiar dínn agus crainn mhóra inár dtimpeall.
Neamh ar talamh, a Thríona. Cogar! An dtiocfaidh tú suas anseo tráthnóna go bhfeicfidh tú na grianghraif?
Tiocfaidh mé cinnte. Slán, a Mhichíl.

Comhrá a Dó   Rian 44

Fuaim: guthán ag bualadh

Haló, a Eibhlín. Brian anseo.
Is ea, a Bhriain. Bhí mé ag súil le glao uait! Chuala mé go ndeachaigh tú go dtí an phictiúrlann le cailín eile nuair a bhí mé sa Spáinn.
Theastaigh ó mo chara *Harry Potter and The Philosopher's Stone* a fheiceáil. B'in an méid. Cé a d'inis an scéal seo duit?
Siobhán a dúirt liom go bhfaca sí thú, agus do chara, mar a thugann tú uirthi, ag siúl amach as an bpictiúrlann, agus greim láimhe agaibh ar a chéile.
Tá brón orm, a Eibhlín, má ghortaigh mé thú. Ní dhéanfaidh mé arís é. Ach abair liom, caidé mar a bhí do chuid laethanta saoire sa Spáinn?
Bhí an aimsir go haoibhinn agus bhuail mé le buachaill dathúil ann.
Ó, ar bhuail? Ach, is dócha nach bhfeicfidh tú arís é.
Feicfidh mé é, cinnte, mar beidh sé ag teacht anseo an mhí seo chugainn chun Béarla a fhoghlaim. Slán agat, a Bhriain!

Comhrá a Trí   Rian 45

Céad fáilte romhaibh isteach, a lucht éisteachta, chuig an gclár raidió Agallamh na Seachtaine. I mo theannta tráthnóna tá Sibéal Ní Chonchúir. Fáilte romhat, a Shibéil.

Go raibh maith agat, a Stiofáin.
Rinne tú gaisce le deireanaí, a Shibéil.
Bhuel, chuaigh mé timpeall na hÉireann de shiúl cos le barra rotha, ag bailiú airgid do 'Gorta'.
Ar bhailigh tú mórán airgid?
Caoga míle euro.
Cén fáth a ndearna tú é seo?
An samhradh seo caite bhí mé ag obair le 'Gorta' san Afraic agus chonaic mé an bochtanas ansin le mo dhá shúil féin.
Cad chuige an barra rotha?
Siombal a bhí ann. Tá mé ag iarraidh cuid de ualach na mbocht a iompar dóibh. Chomh maith leis sin, chuidigh sé liom an t-airgead a bhailigh mé a iompar.
Molaim thú, a Shibéil!

CUID D

Léigh anois go cúramach, ar do scrúdpháipéar, na treoracha agus na ceisteanna a ghabhann le Cuid D.

Píosa a hAon — Rian 46

Beidh gluaisrothar á n-úsáid arís ag na Gardaí Síochána i gContae Dhún na nGall. Ceannaíodh dhá ghluaisrothar le déanaí. Chosain siad trí mhíle dhéag euro an ceann. Beidh ceann amháin á úsáid thart ar Leitir Ceanainn agus an ceann eile i ndeisceart an chontae. Is féidir leo luas céad agus a fiche míle san uair a bhaint amach. Beidh siad á n-úsáid ag an bhfoireann tráchta chun sábháilteacht a chur chun cinn ar na bóithre. Fuair na Gardaí a úsáidfidh na gluaisrothair seo traenáil speisialta.

Píosa a Dó — Rian 47

Bhí an t-ionad pobail sa Daingean lán go doras Dé Sathairn seo caite. Tháinig na daoine chun éisteacht le Philip King agus a bhanna ceoil, Scullion, a bhí ag seinm ann. Ba léir gur thaitin an ceol leis na daoine mar bhí siad go léir ag canadh in éineacht leis an mbanna roimh dheireadh na hoíche. Tá aithne ag gach duine sa cheantar ar Philip King mar tá sé ina chónaí i gCeann Trá, áit atá cúig mhíle taobh thiar den Daingean.

Píosa a Trí — Rian 48

Tá áthas ar na daltaí sa Phobalscoil i mBaile na Manach i mBaile Átha Cliath. Nuair nach mbíonn ranganna ar siúl le linn an tsosa ar maidin agus ag am lóin i lár an lae bíonn ceol ar an aer ar fud na scoile. Is iad na daltaí féin a roghnaíonn an ceol. Tá plean ag na daltaí raidió scoile a thosú go luath freisin. Ansin beidh seans ag daltaí iarratais le haghaidh a rogha píosa ceoil a chur isteach.

Sampla 5 (2001)

CLUASTUISCINT (100 marc)

N.B. Bíodh gach freagra i nGaeilge, ach amháin nuair nach gá sin.

CUID A

Cloisfidh tú giota cainte ó gach duine de **thriúr** daoine óga sa Chuid seo. Cloisfidh tú gach giota díobh **trí huaire**. Éist go cúramach leo agus líon isteach an t-eolas atá á lorg sna greillí ag 1, 2 agus 3 thíos.

1. An Chéad Chainteoir Rian 49

Ainm	Regina Nic Samhráin
Cár rugadh agus tógadh í?	
An rud is aoibhinn léi.	
Cad ba mhaith léi a dhéanamh?	

2. An Dara Cainteoir Rian 50

Ainm	Síomón Ó Mongáin
Cad as dó?	
An sórt scoile ina bhfuil sé.	
Slí bheatha a Dhaid.	
An caitheamh aimsire is fearr leis.	

3. An Tríú Cainteoir Rian 51

Ainm	Siobhán Tóibín
An dath atá ar a cuid gruaige.	
An cluiche a imríonn sí.	
Cé mhéad deirfiúr atá aici?	
Cá bhfuil a deirfiúr, Imelda?	

Cluastuiscint

CUID B

Cloisfidh tú *trí* fhógra sa Chuid seo. Cloisfidh tú gach fógra díobh *faoi dhó*. Éist go cúramach leo. Beidh sos tar éis gach casadh chun deis a thabhairt duit an *dá* cheist a ghabhann le gach fógra díobh a fhreagairt.

Fógra a hAon   Rian 52

(a)   (b)   (c)   (d)

1. Cén pictiúr a théann leis an bhfógra seo?

2. Cathain a bheidh na Teachtaí Dála i láthair?
   (a) amárach
   (b) anocht
   (c) ar an Domhnach
   (d) ar an Déardaoin

Fógra a Dó   Rian 53

(a)   (b)   (c)   (d)

1. Cén pictiúr a théann leis an bhfógra seo?

2. Cé a dúirt 'Beatha teanga í a labhairt'?

Fógra a Trí Rian 54

    (a)   (b)   (c)   (d)

1. Cén pictiúr a théann leis an bhfógra seo?

2. Cé a chuir amach an fógra seo?
   (a) na Gardaí
   (b) Raidió na Gaeltachta
   (c) na nuachtáin
   (d) TG4

CUID C

Cloisfidh tú *trí cinn* de chomhráite teileafóin sa Chuid seo. Cloisfidh tú gach comhrá díobh *trí huaire*. Cloisfidh tú an comhrá ó thosach deireadh an chéad uair. Ansin cloisfidh tú é ina dhá mhír. Beidh sos tar éis gach mír díobh chun deis a thabhairt duit an cheist a bhaineann leis an mír sin a fhreagairt. Ina dhiaidh sin cloisfidh tú an comhrá ó thosach deireadh arís.

Comhrá a hAon Rian 55

An Chéad Mhír

    (a)   (b)   (c)   (d)

1. Cad a bhí ar siúl i Halla na Scoile aréir?

An Dara Mír

2. Cad a thabharfaidh Séamas do Bhairbre?
   (a) amárach
   (b) ceirnín
   (c) na nótaí
   (d) béile

Comhrá a Dó Rian 56

An Chéad Mhír

(a) (b) (c) (d)

1. Cad atá Peadar ag déanamh?

An Dara Mír

2. Cén lá a bheidh an chéad bhabhta eile ar siúl?

Comhrá a Trí Rian 57

An Chéad Mhír

(a) (b) (c) (d)

1. Cad a fuair Bean de Róiste?

An Dara Mír

2. Cad a bhí ar siúl ag an mbuachaill eile?
   (a) ag imirt sacair
   (b) ag magadh faoi Ruairí
   (c) ag glaoch ar Bhean de Róiste
   (d) ag dul ar scoil

CUID D

Cloisfidh tú *trí cinn* de phíosaí ón raidió sa Chuid seo. Cloisfidh tú gach píosa díobh *faoi dhó*. Éist go cúramach leo agus freagair an *dá* cheist a ghabhann le gach píosa díobh.

Píosa a hAon   Rian 58

1. Cá bhfuil na dornálaithe óga ina gcónaí?

_____

2. Cad a bhíonn ar siúl sna hallaí i rith an tsamhraidh?

_____

Píosa a Dó   Rian 59

(a)    (b)    (c)    (d)

1. Cad a chonaic Antaine Ó Gormáin sa ghairdín? ☐

2. Cad is ainm don chlár raidió?

_____

Píosa a Trí   Rian 60

(a)    (b)    (c)    (d)

1. Cén pictiúr a théann leis an bpíosa seo? ☐

2. Cá rachaidh sí ar laethanta saoire?

_____

Cluastuiscint

Téipscript Sampla 5 (2001)

CUID A

Léigh anois go cúramach, ar do scrúdpháipéar, na treoracha agus na ceisteanna a ghabhann le Cuid A.

An Chéad Chainteoir   Rian 49

Cad é mar tá sibh, a chairde? Regina Nic Samhráin ag labhairt libh anseo. Rugadh agus tógadh mé i gContae Liatroma. Is as Contae Thír Eoghain do mo sheanmháthair agus deir sí liom gur chuala sí Gaeilge á labhairt ag na seandaoine nuair a bhí sí óg. Is aoibhinn liom féin an Ghaeilge agus téim go dtí Gaeltacht Rann na Feirste gach samhradh. Ba mhaith liom bheith i m'innealtóir amach anseo.

An Dara Cainteoir   Rian 50

Is mise Síomón Ó Mongáin. Cén chaoi a bhfuil sibh? Is as an Uaimh i gContae na Mí mé. Táim ag freastal ar an meánscoil áitiúil. Is meánscoil do bhuachaillí í. Tá giúmar maith orainn go léir sa bhaile na laethanta seo mar bhuaigh mo Dhaid an Crannchur Náisiúnta mí ó shin. Is altra é mo Dhaid agus oibríonn sé in ospidéal i gContae Mhuineacháin. 'Sé an caitheamh aimsire is fearr liom ná bheith ag bailiú stampaí.

An Tríú Cainteoir   Rian 51

Conas tá sibh? Siobhán Tóibín is ainm dom. Tugtar Siobhán Rua orm mar tá dath rua ar mo chuid gruaige. Tá cónaí orm taobh amuigh de Dhún Garbhán i gContae Phort Láirge. Imrím peil ghaelach agus tá súil agam imirt don chontae i gceann bliana nó dhó. Tá beirt dheirfiúracha agam – Imelda atá 20 bliain d'aois agus Sonia, atá cúig bliana is fiche. Is ar an ollscoil i gCorcaigh atá Imelda agus tá Sonia pósta le Seapánach agus tá cónaí uirthi i dTóiceo.

CUID B

Léigh anois go cúramach, ar do scrúdpháipéar, na treoracha agus na ceisteanna a ghabhann le Cuid B.

Fógra a hAon   Rian 52

Beidh díolachán earraí ar siúl i gcearnóg an bhaile mhóir Dé Domhnaigh seo chugainn. Cuirfear an t-airgead a dhéanfar sa chiste tógála don halla spóirt nua. Ní mór gach rud a bheith réidh tráthnóna Dé Sathairn. Táthar ag súil leis go mbeidh na Teachtaí Dála áitiúla i láthair ar an Domhnach. Chomh maith leis an díolachán earraí beidh aisteoirí ó 'Macnas' ann chun seó sráide a chur ar fáil. Bígí ann gan téip! Cabhraígí linn chun cabhrú libh!

Fógra a Dó — Rian 53

Gabhaigí mo leithscéal as a bheith ag cur isteach ar na ranganna. Tá fógra agam daoibh. Beidh *Seachtain na Gaeilge* ag tosú ar an Luan seo chugainn. I measc na n-imeachtaí a bheas ar siúl beidh tráth na gceist, cláir Ghaeilge ar raidió na scoile, cuairteoirí speisialta agus ceolchoirm mhór. Iarrtar oraibh ar fad Gaeilge a labhairt chomh minic agus is féidir libh le linn na seachtaine. 'Beatha teanga í a labhairt' mar a dúirt Pádraig Mac Piarais.

Fógra a Trí — Rian 54

Fógra práinneach daoibh tráthnóna ar Raidió na Gaeltachta, a lucht éisteachta. Iarrtar ar thiománaithe a bheith ag féachaint amach do chapaill atá ar strae ar an mbóthar idir an Daingean agus an Buailtín. Ceithre chapall ar fad atá ann. Ní fios do na Gardaí fós cé leis iad ach má tá an duine sin ag éisteacht ar mhiste leis na capaill a bhaint den bhóthar láithreach. Tá siad ag cur beatha daoine i mbaol.

CUID C

Léigh anois go cúramach, ar do scrúdpháipéar, na treoracha agus na ceisteanna a ghabhann le Cuid C.

Comhrá a hAon — Rian 55

Heileo.
Haigh, a Shéamais, Bairbre anseo. An raibh tú ag an léacht aréir?
Cén léacht, a Bhairbre?
An ceann i halla na scoile faoi rogha na n-ábhar don Ardteist.
Gabh mo leithscéal, a Bhairbre, nach mór an t-amadán mé. Bhí mé ann cinnte. Ach ní thabharfainn léacht air.
B'in a thug Bean Uí Mhurchú air, pé scéal é. 'Bígí ag an léacht gan teip' an rud deireanach a dúirt sí linn. Ní raibh ar mo chumas a bheith ann faoi mar a tharla sé.
Anois, a Bhairbre. Caithfear é seo a mhíniú. Cá raibh tú? Amuigh ar an mbaile le Leonardo di Caprio, an ea?
Ní hea, mhuis'. Tá aintín liom sa bhaile ó Bhostún agus thug sí amach sinn aréir le haghaidh béile. Ach inis dom faoin léacht. An raibh sé go maith?
Bhailigh mé a lán eolais agus tabharfaidh mé na nótaí duit amárach.
Go hiontach, a Shéamais.
Feicfidh mé amárach thú. Oíche mhaith.

Comhrá a Dó — Rian 56

Heileo. Ógra Éireann anseo. Siobhán ag caint. An féidir liom cabhrú leat?
Ba mhaith liom eolas a fháil i dtaobh na ndíospóireachtaí iarbhunscoile.
Cad is ainm duit? Agus cén scoil atá i gceist?

Peadar Ó Madagáin is ainm dom. Is mac léinn mé i gColáiste Mhichíl.
Sea, a Pheadair, agus cén t-eolas atá uait?
An bhfuil fhios agat cén uair a bheidh an chéad bhabhta eile ann?
Beidh sé ar siúl ar an gCéadaoin, an tríú lá de mhí na Nollag, agus beidh sibhse i gColáiste Mhichíl i gcoinne Phobalscoil an Chnoic.
Cén rún a bheas ann?
'Tá saol na cathrach níos fearr ná saol na tuaithe' an rún a bheas agaibh. Aon rud eile, a Pheadair?
Ó a dhiabhail, an mbeidh muid ar son nó in aghaidh an rúin?
Inseofar é sin daoibh Dé Céadaoin.
Go raibh maith agat.

Comhrá a Trí   Rian 57

Heileo! Seán Ó hEára an Príomhoide anseo.
Dia duit, a dhuine uasail. Is mise Bean de Róiste, máthair Ruairí.
Dia is Muire duit, a Bhean de Róiste. Is dócha go bhfuair tú mo litir.
Fuair go raibh maith agat agus tá an-bhrón orm faoi na rudaí a tharla inné.
Glacaim leis gur inis Ruairí a thaobh fhéin den scéal duit.
D'inis sé gan dabht. Bhí an buachaill eile ag magadh faoi le cúpla seachtain anuas.
An ndúirt sé leat cén fáth a raibh sé ag magadh faoi?
Rud éigin faoi chúrsaí sacair. Leanann Ruairí Learpholl.
Rinne Ruairí a chion féin den mhagadh de réir mar a chloisim.
Tugaim geallúint duit nach dtarlóidh sé arís.
Go raibh maith agat as glaoch, a Bhean de Róiste.

CUID D

Léigh anois go cúramach, ar do scrúdpháipéar, na treoracha agus na ceisteanna a ghabhann le Cuid D.

Píosa a hAon   Rian 58

Tá dornálaithe óga Chonamara ag lorg ionad spóirt. Tá easpa áiseanna ann faoi láthair agus bíonn sé níos measa i rith an tsamhraidh nuair a bhíonn na hallaí in úsáid le haghaidh Cúrsaí Gaeilge. Tá neart dornálaithe óga ar fud Chonamara a bhainfeadh tairbhe as ionad spóirt ceart dá mbeadh sé acu. Níl aon socrú déanta fós cá mbeidh an t-ionad nua suite. Ní hiad na dornálaithe amháin a bhainfeadh tairbhe as ionad spóirt, ach an pobal ar fad.

Píosa a hAon   Rian 59

Bhí gach duine ag gáire faoi Antaine Ó Gormáin le déanaí, mar dúirt sé go poiblí go bhfaca sé lon dubh bán ina ghairdín ar chúl an tí. Níor chreid éinne é ar ndóigh, ach ní raibh Antaine críochnaithe fós. Thóg sé grianghraf den éan agus chuir sé é chuig an gclár raidió 'For the Birds'. Labhair siad le hAntaine ar an gclár agus creid é nó ná creid, dúirt siad go raibh an ceart aige – lon dubh bán a bhí aige sa ghairdín!

Píosa a hAon   Rian 60

Bhí an t-ádh le Máire Ní Loinsigh, bean as Port Laoise, le déanaí. Cheannaigh sí ticéad i siopa áitiúil; níor smaoinigh sí air ina dhiaidh sin go dtí gur chuala sí a hainm ar an raidió áitiúil. Bhí an chéad duais buaite aici i gcrannchur a bhí ag club spóirt i mBaile Átha Cliath. Éistigí leis an duais a bhuaigh sí! Laethanta saoire di féin agus duine eile ar feadh coicíse i Meiriceá agus míle punt mar airgead póca.

Sampla 6 (2000)

CLUASTUISCINT (100 marc)

N.B. Bíodh gach freagra i nGaeilge, ach amháin nuair nach gá sin.

CUID A

Cloisfidh tú giota cainte ó gach duine de **thriúr** daoine óga sa Chuid seo. Cloisfidh tú gach giota díobh **trí huaire**. Éist go cúramach leo agus líon isteach an t-eolas atá á lorg sna greillí ag 1, 2 agus 3 thíos.

1.   An Chéad Chainteoir   Rian 61

Ainm	*Sibéal Feirtéar*
A haois.	
Cár rugadh í?	
An cluiche a imríonn sí.	
An áit a bhfuil Piaras ag obair.	

Cluastuiscint

2. **An Dara Cainteoir** Rian 62

Ainm	Sinéad Nic Suibhne
Cén áit a bhfuil a scoil?	
An cluiche a bhfuil an-spéis aici ann.	
An imríonn sí féin an cluiche sin?	
An rud a dhéanfaidh sí an bhliain seo chugainn.	

3. **An Tríú Cainteoir** Rian 63

Ainm	Tomás Ó Máille
Cá bhfuil cónaí air?	
Slí bheatha a mháthar.	
An cineál clár teilifíse a luann sé.	

CUID B

Cloisfidh tú *trí* fhógra sa Chuid seo. Cloisfidh tú gach fógra díobh *faoi dhó*. Éist go cúramach leo. Beidh sos tar éis gach casadh chun deis a thabhairt duit an *dá* cheist a ghabhann le gach fógra díobh a fhreagairt.

Fógra a hAon Rian 64

(a)   (b)   (c)   (d)

1. Cén pictiúr a théann leis an bhfógra seo?
2. Cén t-am a chríochnóidh an scoil?

Fógra a Dó Rian 65

(a) (b) (c) (d)

1. Cén pictiúr a théann leis an bhfógra seo?

2. Cén áit ar féidir ticéid a cheannach?

Fógra a Trí Rian 66

1. Cathain a thitfidh an ceo?
   (a) i gcaitheamh an lae
   (b) istoíche
   (c) ar maidin
   (d) ag meán lae

2. Conas a bheidh an aimsir san iarnóin?

CUID C

Cloisfidh tú *trí cinn* de chomhráite teileafóin sa Chuid seo. Cloisfidh tú gach comhrá díobh *trí huaire*. Cloisfidh tú an comhrá ó thosach deireadh an chéad uair. Ansin cloisfidh tú é ina dhá mhír. Beidh sos tar éis gach mír díobh chun deis a thabhairt duit an cheist a bhaineann leis an mír sin a fhreagairt. Ina dhiaidh sin cloisfidh tú an comhrá ó thosach deireadh arís.

Cluastuiscint

Comhrá a hAon — Rian 67

An Chéad Mhír

(a)   (b)   (c)   (d)

1. Cá raibh Síle aréir?

An Dara Mír

2. Cén dea-scéal atá ag Tomás do Shíle?

Comhrá a Dó — Rian 68

An Chéad Mhír

(a)   (b)   (c)   (d)

1. Cén cluiche a luann máthair Shinéid?

An Dara Mír

2. Cén mí-ádh a bhain do Shinéad?

Comhrá a Trí Rian 69

An Chéad Mhír

(a) (b) (c) (d)

1. Cá mbeidh Rónán agus Bairbre Déardaoin? ☐

An Dara Mír

2. Cad a dhéanfaidh Rónán maidin amárach?

CUID D

Cloisfidh tú *trí cinn* de phíosaí ón raidió sa Chuid seo. Cloisfidh tú gach píosa díobh *faoi dhó*. Éist go cúramach leo agus freagair an *dá* cheist a ghabhann le gach píosa díobh.

Píosa a hAon Rian 70

1. Cá mbeidh an ghaelscoil nua dara leibhéal?

2. Cé mhéad gaelscoil dara leibhéal atá sa chontae?

Píosa a Dó Rian 71

(a) (b) (c) (d)

1. Slí bheatha an duine a ainmnítear sa phíosa.

2. Cad a bhí le fáil ag na daoine a raibh ticéad acu?

Píosa a Trí **Rian 72**

(a) (b) (c) (d)

1. Cad a osclaíodh an fómhar seo caite?

2. Cathain a bhíonn sé ar oscailt?

Téipscript Sampla 6 (2000)

CUID A

Léigh anois go cúramach, ar do scrúdpháipéar, na treoracha agus na ceisteanna a ghabhann le Cuid A.

An Chéad Chainteoir Rian 61

Conas atá sibh? Tá súil agam go bhfuil sibh go maith. Is mise Sibéal Feirtéar. Cónaím i nDún an Óir, lasmuigh den Bhuailtín i gContae Chiarraí. Inniu mo bhreithlá – cúig bliana déag atáim. Rugadh mé sa bhliain mile naoi gcéad ochtó cúig i mBostún. Tháinig mo mhuintir anseo nuair a bhí mé dhá bhliain d'aois. Táim ag siúl amach le Piaras. Oibríonn sé sa ghalfchlub áitiúil. Imrím féin galf agus ba mhaith liom bheith i mo ghalfaire gairmiúil lá éigin.

An Dara Cainteoir — Rian 62

Cad é mar atá sibh? Sinéad Nic Suibhne ag caint libh. Is scoláire mé sa Phobalscoil i nGaoth Dobhair i gContae Dhún na nGall. Imrím sacar don scoil agus tá an-spéis agam ann. Leanaim Glasgow Celtic. Cúpla mí ó shin bhí mé thall i nGlaschú nuair a bhí Celtic ag imirt in éadan Rangers. Taobh amuigh den spórt níl mé ró-iontach ar scoil. Tá sé ar intinn agam i bhfad níos mó staidéir a dhéanamh an bhliain seo chugainn.

An Tríú Cainteoir — Rian 63

Dia daoibh! Tomás Ó Máille is ainm dom. Táim i mo chónaí ar an gCeathrú Rua i gConamara. Is garda síochána í mo mháthair. Tá mo dhaid ag obair i Nua Eabhrac mar dúnadh an mhonarcha ina raibh sé ag obair anseo. An samhradh seo caite chaith mé mí leis i Nua-Eabhrac. Is aoibhinn liom bheith ag breathnú ar an teilifís. Sílim go bhfuil na cláir a rinne David Attenborough faoin dúlra ar fheabhas ar fad.

CUID B

Léigh anois go cúramach, ar do scrúdpháipéar, na treoracha agus na ceisteanna a ghabhann le Cuid B.

Fógra a hAon — Rian 64

Gabhaigí mo leithscéal, a mhúinteoirí agus a dhaltaí as a bheith ag cur isteach oraibh. Tá fógra práinneach agam daoibh. Ní bheidh ranganna ar siúl san iarnóin toisc nach bhfuil an téamh lárnach ag obair. Críochnóidh an scoil ag a haon a chlog. Níl an cluiche haca ar ceal. Áfach, agus caithfidh na himreoirí bheith anseo ar a dó a chlog ar a dhéanaí. Go raibh maith agaibh.

Fógra a Dó — Rian 65

Beidh seó faisin ar siúl in Óstán na cille móire ar an tríú lá de Mhárta ar a hocht a chlog. Is chun airgead a bhailiú don Halla Pobail nua a bheidh an seó ann. Is féidir ticéid a cheannach ag an doras an oíche sin ach nó mór a bheith in am mar táthar ag súil le slua an-mhór toisc go mbeidh mainicíní cáiliúla ag glacadh páirt sa seó.

Fógra a Trí — Rian 66

Seo agaibh anois réamhaisnéis na haimsire don lá amárach. Beidh ceathanna báistí agus gaoth an-láidir go forleathan ar fud na tíre ar maidin. I gCúige Mumhan séidfidh an ghaoth ina gála in áiteanna, go háirithe ar na cóstaí. Glanfaidh an bháisteach i gcaitheamh an lae agus beidh sé grianmhar agus brothallach san iarnóin. Titfidh ceo istoíche amárach i lár na tíre agus ar thalamh ard san iarthar.

Cluastuiscint

CUID C

Léigh anois go cúramach, ar do scrúdpháipéar, na treoracha agus na ceisteanna a ghabhann le Cuid C.

Comhrá a hAon   Rian 67

Haló?
Haigh, a Thomáis. Síle anseo.
Á, Dia duit, a Shíle. Conas atú ó aréir?
Táim go maith, a Thomáis, ach – ceist agam ort: ar fhág mé mo ríomhaire póca i do theach aréir nuair a bhíomar ag dul tríd an scrúdpháipéar matamaitice?
Ná bí buartha faoi, a Shíle. Feicim anois é os mo chomhair amach ar an matal sa seomra suí.
Buíochas le Dia! Bronntanas ó mo dhaid a bhí ann agus níor mhaith liom é a chailleadh.
Rachaidh mé suas chugat leis tráthnóna. Dála an scéil, a Shíle, an cuimhin leat ceist a ceathair ar Pháipéar a hAon?
An cuimhin liom í! Nár chaith mé an mhaidin ar fad uirthi!
Bhuel, a Shíle, tá dea-scéal agam duit. Réitigh mise an fhadhb agus taispeánfaidh mé an réiteach duit tráthnóna.
Go raibh míle agat, a Thomáis. Bheadh an-spéis agam ann. Slán go fóill.

Comhrá a Dó   Rian 68

Heileo?
Siobhán Mhic Mhathúna anseo. An bhféadfainn labhairt le Breandán Ó Conaire, le do thoil?
Breandán Ó Conaire ag labhairt leat.
Dia duit, a duine uasail. Mise máthair Shinéid atá ar an bhfoireann peile agat.
Dia is Muire duit, a Bhean Mhic Mhathúna, cad é mar atá Sinéad? An bhfuil a cos ag cur as di go fóill?
Tá a glúin an-tinn go fóill ach tá sí ag dul i bhfeabhas ó thosaigh sí ag fáil fisiteiripe seachtain ó shin.
Bhí an-mhí-ádh uirthi gur sciorr sí ar an urlár tais san ionad siopadóireachta.
Bhí go deimhin; ach d'fhéadfadh sé bheith níos measa. Pé scéal é, ar ordú an dochtúra ní bheidh sí ábalta dul ag traenáil libh go ceann míosa ar a laghad.
Tabhair aire di. Tá a sláinte níos tábhachtaí ná cluiche ar bith.
Dá bhfágfaí fúithi féin é bheadh sí ar ais libh i gceann seachtaine.
Abair léi go raibh gach duine ag cur a tuairisce. Slán!

Comhrá a Trí   Rian 69

Heileo!
Haigh, a Rónáin. Tá's agat an phióg úll a bheas le déanamh againn sa rang cócaireachta Déardaoin?

An gcreidfeá, a Bhairbre, go bhfuilim díreach ag breathnú ar na nótaí fúithi a fuaireamar sa rang inniu?
Tá mise i bponc ceart, a Rónáin. Ní féidir liom mo lámh a leagan ar mo chuid nótaí féin. Caithfidh gur fhág mé ar an mbus iad.
Ní dhéanfaidh seo cúis, a chailín – peata an mhúinteora ag cailleadh a cuid nótaí.
Níl sé seo greannmhar, beag ná mór. Tá scrúdú na Nollag ag brath air, mar is eol duit.
In ainm Dé, a Bhairbre, tóg bog é. Inniu an Luan . . . tabharfaidh mé mo chuid nótaí duit maidin amárach.
An-smaoineamh. Iarrfaidh mé ar rúnaí na scoile iad a fhótachóipeáil dom. Go raibh maith agat, a Rónáin.
Ná habair é. Anois, téigh agus breathnaigh ar Ros na Rún.
Déanfaidh mé sin ceart go leor, a Rónáin. Slán!

CUID D

Léigh anois go cúramach, ar do scrúdpháipéar, na treoracha agus na ceisteanna a ghabhann le Cuid D.

Píosa a hAon   Rian 70

Tá Gaelscoil nua, dara leibhéal, beartaithe do bhaile Leitir Ceanainn. Tá trí Ghaelscoil dara leibhéal sa chontae ach tá na trí cinn sin suite sa Ghaeltacht. Tá an tAire Spóirt agus Turasóireachta, an Dochtúir Séamas Mac Dáibhéid, i bhfabhar an phlean. Is é an chéad chéim eile ná suíomh oiriúnach a roghnú don scoil. Is léir í suirbhé a rinneadh ar na mallaibh go bhfuil an-spéis ag pobal Leitir Ceanainn in oideachas trí Ghaeilge dá gcuid páistí.

Píosa a Dó   Rian 71

D'fhreastail dhá chéad is caoga duine ar ócáid speisialta i Lios Tuathail le déanaí. Bhí siad ag tabhairt ómóis don aisteoir Eamon Kelly. Cé go raibh cúig phunt is seachtó ar thicéad bhí na ticéid go léir díolta i bhfad roimh ré. Bhí ceol agus siamsaíocht den scoth chomh maith le béile galánta le fáil an oíche sin. Faoi láthair tá Ionad Cultúir agus Litríochta á thógáil i Lios Tuathail agus beidh seomra in onóir d'Eamon Kelly ann.

Píosa a Trí   Rian 72

Osclaíodh bialann nua i mBaile Átha Cliath an fómhar seo caite. Dáil Bia an t-ainm atá air agus tá sé suite i Sráid Chill Dara. Tá an biachlár i nGaeilge agus i mBéarla agus tá togha na Gaeilge ag an bhfoireann óg atá ag obair ann. Bíonn bricfeasta, lón, ceapairí, anraith, béilí te agus rogha mhaith sóláistí ar fáil ann. Bíonn an bhialann ar oscailt gach lá den tseachtain ach amháin ar an Domhnach.

AONAD 2 LÉAMHTHUISCINT (READING COMPREHENSION) – CEIST 1

As we have seen, there are three questions to be answered in *roinn 1*.

Ceist : Comharthaí agus fógraí (nó focail) a chur le pictiúir (matching signs and notices with pictures).

Hint
You should be looking out for signs and notices that are to be seen about the place, and in particular
- *in irisí* (in magazines)
- *sna nuachtáin* (in the papers)
- *ar an teilifís* (on television)
- *timpeall na scoile* (around the school)

COMHARTHAÍ (SIGNS, NOTICES)
- *Comharthaí bóthair* (road signs)
- *Comharthaí a bhíonn le feiceáil sa scoil, sa leabharlann, agus timpeall na háite* (signs and notices to be seen in the school, the library, and about the place).

How to answer Ceist 1
You should first read the signs or announcements that are numbered 1 – 10, and then look at the pictures A – J. You should then fill in the answers you are certain of, and finish the exercise by a process of elimination. And remember: don't leave any blank space, and don't write two answers in one space.

VOCABULARY
I would recommend that you learn the following vocabulary, as these words come up very regularly in *Ceist 1*.

caillte (lost)
aire (caution, beware)
contúirteach/baolach (dangerous)
cosc (prohibition)
cosc ar pháirceáil (parking prohibited)
dúnta (closed)

leabharlann (library)
ollmhargadh (supermarket)
de bharr, de dheasca (because of)
baol/contúirt/dainséar (danger)
géill slí (yield, give way)
ceadaithe (permitted)
dráma (a play)

ná (don't)
cóisir (a party)
ar cíos (for rent)
ar dualgas (on duty)
lárionad (centre)
ar fáil (available)
cíos (rent)
rabhadh (danger, take care)
coimeád (keep)
dainséar (danger)
taispeántas (exhibition, display)
ar díol (for sale)
cruinniú (meeting)
fan amach (stay out)

stailc (strike)
seomra feithimh (waiting-room)
seomra na dteangacha (language room)
bialann/proinnteach (restaurant)
seachain (avoid)
ar oscailt (open)
amharclann (theatre)

ciúnas (silence)
múch (extinguish)
comórtas (competition)
ag teastáil (wanted)
seomra feistis (dressing-room)
seomra gléasta (dressing-room)
carrchlós (car park)
garáiste (garage)
le fáil (available)
ar díol (for sale)
sladmhargadh (a bargain)
go mall (slowly)

ROINN 1 – LÉAMHTHUISCINT
Worked example (2005 exam)

[N.B. Ní mór na freagraí ar na ceisteanna sa Roinn seo a scríobh sna spásanna cuí ar an gceistpháipéar seo.]

CEIST 1 Meaitseáil na pictiúir agus na fógraí/comharthaí sna boscaí thíos agus scríobh na litreacha is fearr a fhreagraíonn do na huimhreacha, dar leat, sna spásanna cuí ar an ngreille. (20 marc)

1. **Scoil dúnta** Damáiste don díon
2. Bailiúchán airgid *Ar son Trócaire* Boscaí ar fáil ó rúnaí na scoile
3. **TOGHA GLASRAÍ AR FÁIL ANSEO**
4. **AIRE!** Droichead briste An treo seo ➡
5. **CARRCHLÓS** 100 SPÁS FÁGTHA
6. **RANGANNA CEOIL** Do gach aoisghrúpa
7. Ag teastáil Peata piscín nó coileáin Fón: 6540321
8. Ceachtanna tiomána **Ar phraghas íseal** Gach lá den tseachtain
9. Éadaí san fhaisean is déanaí *Do dhéagóirí agus do dhaoine fásta*
10. Ag dul ar saoire? Is féidir linn cabhrú leat. ***Labhair linn***

The correct answers:

Uimhir	Litir
1	F
2	J
3	B
4	E
5	A
6	H
7	C
8	I
9	D
10	G

(2004)

[N.B. Ní mór na freagraí ar na ceisteanna sa Roinn seo a scríobh sna spásanna cuí ar an gCeistpháipéar seo.]

CEIST 1 Meaitseáil na pictiúir agus na fógraí/comharthaí sna boscaí thíos agus scríobh na litreacha is fearr a fhreagraíonn do na huimhreacha, dar leat, sna spásanna cuí ar an ngreille. (20 marc)

1	**Faighte sa chlós** — Uaireadóir dubh
2	**Cosc** — Ar dhreapadóireacht chrann
3	**Ar fáil** — Bricfeasta den scoth — €7
4	**Teorainn luais** — Tríocha m.s.u.
5	**Geamaireacht na Nollag** — *Cinderella* — Ticéid: €7
6	Comórtas eitpheile — **Dé hAoine i Halla an Phobail** — Costas iontrála: €10
7	**Tráth na gCeist Boird** — Halla na Scoile — Aoine: 7 p.m. – 10 p.m.
8	**Ciúnas** — Scrúdú Cluastuisceana — Ar siúl
9	**Ag teastáil** — Rothar sléibhe do dhéagóir — *Fón: 01-6805241*
10	**Árasáin ar cíos in aice le lár na cathrach**

Uimhir	Litir
1	
2	
3	
4	
5	
6	
7	
8	
9	
10	

(2003)

[N.B. Ní mór na freagraí ar na ceisteanna sa Roinn seo a scríobh sna spásanna cuí ar an gceistpháipéar seo.]

CEIST 1 Meaitseáil na pictiúir agus na fógraí/comharthaí sna boscaí thíos agus scríobh na litreacha is fearr a fhreagraíonn do na huimhreacha, dar leat, sna spásanna cuí ar an ngreille. (20 marc)

1	**AIRE!** Oibreacha Bóthair
2	*Garáiste Uí Riain* Ar fáil Carranna nua agus athláimhe
3	*Galfchúrsa Poiblí* Ar oscailt gach lá 8 a.m. – 9 p.m.
4	SEOLTÓIREACHT Cúrsaí do dhéagóirí Satharn: 10 a.m. – 12 a.m.
5	Halla Snúcair Comórtais do gach aois Táille Iontrála: €5
6	**COSC AR IMIRT CLUICHÍ**
7	*Seomra Ríomhaireachta* Ciúnas Scrúdú ar siúl
8	**Seomra Gléasta** Rabhadh! Ná fág airgead i do phócaí
9	*Faighte sa chlós* Geansaí scoile Eolas ó oifig na scoile
10	Coimeád an scoil glan Cuir an bruscar sna boscaí bruscair

Uimhir	Litir
1	
2	
3	
4	
5	
6	
7	
8	
9	
10	

(2002)

[N.B. Ní mór na freagraí ar na ceisteanna sa Roinn seo a scríobh sna spásanna cuí ar an gceistpháipéar seo.]

CEIST 1 Meaitseáil na pictiúir agus na fógraí/comharthaí sna boscaí thíos agus scríobh na litreacha is fearr a fhreagraíonn do na huimhreacha, dar leat, sna spásanna cuí ar an ngreille. (20 marc)

1 **Comórtas Rince** Halla na Cathrach Dé Domhnaigh 15 Aibreán	A
2 **Club Camógaíochta** Seó Faisin do Thrócaire Sa Chlub – Dé hAoine	B
3 **Gairdíní Poiblí** Ná siúil ar an bhféar	 C
4 **Bus Éireann** Ar fáil anois: Clár Ama an Gheimhridh	 D
5 **DAINSÉAR!** Sreanga Beo Ná téigh isteach	 E
6 *Ceachtanna Leadóige* Do gach aois	 F
7 **SEACHAIN!** Ainmhithe Fiáine Bí Cúramach	 G
8 **RABHADH!** BÓTHAR FAOI UISCE	 H
9 *Taispeántas Ealaíne* Sa Dánlann Náisiúnta	 I
10 Scannán den scoth **Anocht** Halla na Scoile	 J

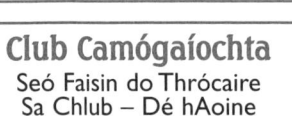

Uimhir	Litir
1	
2	
3	
4	
5	
6	
7	
8	
9	
10	

(2001)

[N.B. Ní mór na freagraí ar na ceisteanna sa Roinn seo a scríobh sna spásanna cuí ar an gceistpháipéar seo.]

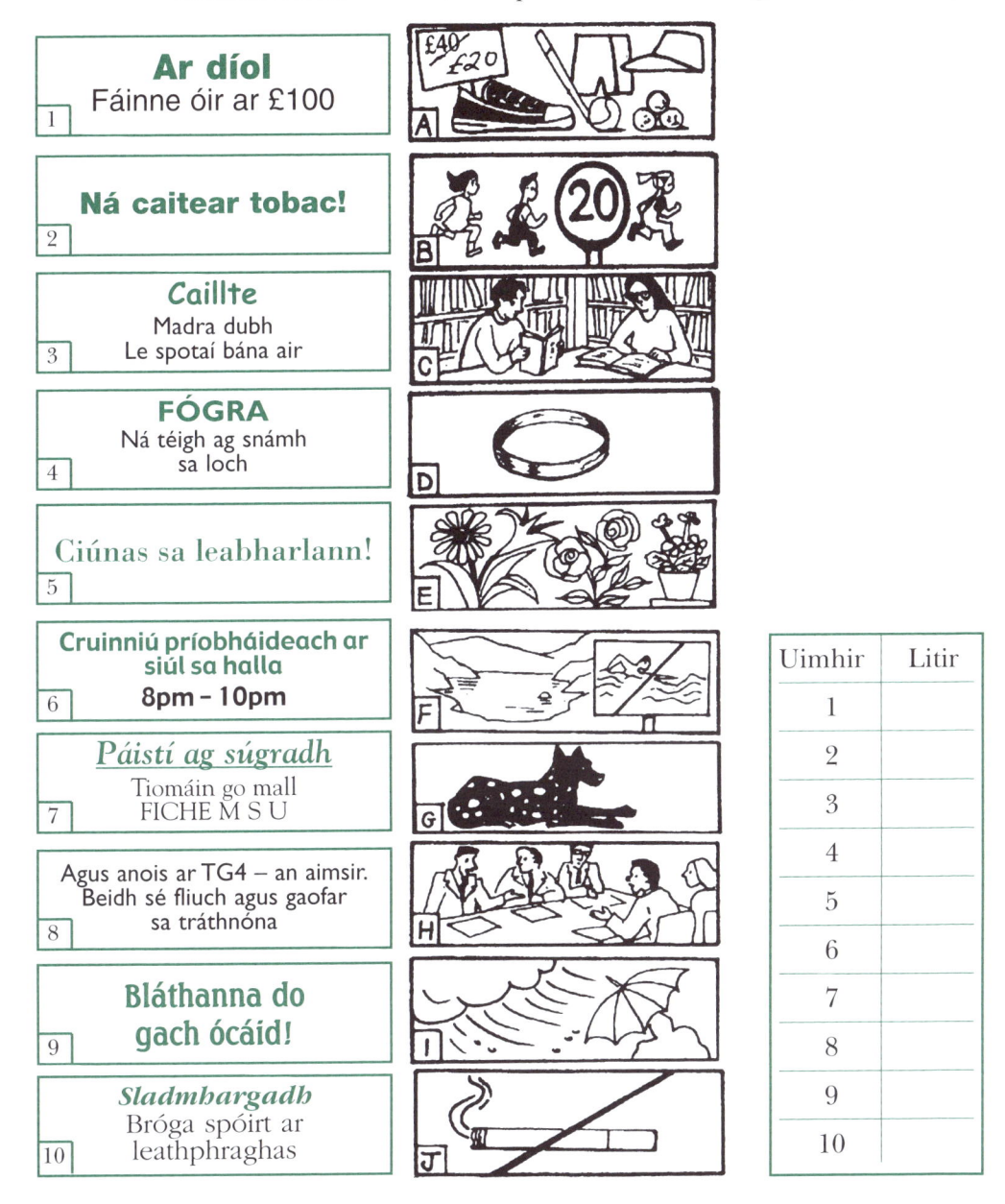

CEIST 1 Meaitseáil na pictiúir agus na fógraí/comharthaí sna boscaí thíos agus scríobh na litreacha is fearr a fhreagraíonn do na huimhreacha, dar leat, sna spásanna cuí ar an ngreille. (20 marc)

1. **Ar díol** Fáinne óir ar £100
2. **Ná caitear tobac!**
3. **Caillte** Madra dubh Le spotaí bána air
4. **FÓGRA** Ná téigh ag snámh sa loch
5. *Ciúnas sa leabharlann!*
6. **Cruinniú príobháideach ar siúl sa halla** 8pm - 10pm
7. *Páistí ag súgradh* Tiomáin go mall FICHE M S U
8. Agus anois ar TG4 – an aimsir. Beidh sé fliuch agus gaofar sa tráthnóna
9. **Bláthanna do gach ócáid!**
10. *Sladmhargadh* Bróga spóirt ar leathphraghas

Uimhir	Litir
1	
2	
3	
4	
5	
6	
7	
8	
9	
10	

(2000)

[N.B. Ní mór na freagraí ar na ceisteanna sa Roinn seo a scríobh sna spásanna cuí ar an gceistpháipéar seo.]

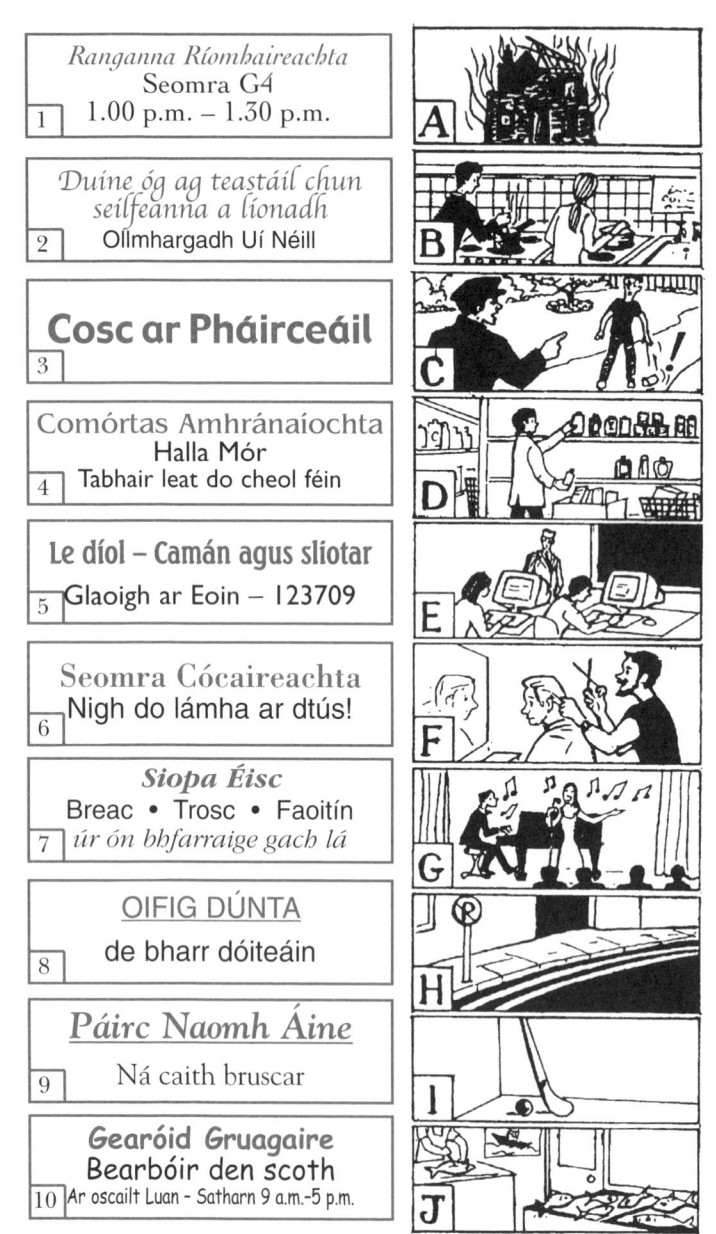

CEIST 1 Meaitseáil na pictiúir agus na fógraí/comharthaí sna boscaí thíos agus scríobh na litreacha is fearr a fhreagraíonn do na huimhreacha, dar leat, sna spásanna cuí ar an ngreille. (20 marc)

1	*Ranganna Ríomhaireachta* Seomra G4 1.00 p.m. – 1.30 p.m.
2	*Duine óg ag teastáil chun seilfeanna a líonadh* Ollmhargadh Uí Néill
3	**Cosc ar Pháirceáil**
4	Comórtas Amhránaíochta Halla Mór Tabhair leat do cheol féin
5	Le díol – Camán agus sliotar Glaoigh ar Eoin – 123709
6	Seomra Cócaireachta Nigh do lámha ar dtús!
7	*Siopa Éisc* Breac • Trosc • Faoitín *úr ón bhfarraige gach lá*
8	OIFIG DÚNTA de bharr dóiteáin
9	*Páirc Naomh Áine* Ná caith bruscar
10	Gearóid Gruagaire Bearbóir den scoth Ar oscailt Luan – Satharn 9 a.m.–5 p.m.

Uimhir	Litir
1	
2	
3	
4	
5	
6	
7	
8	
9	
10	

Léamhthuiscint (Reading Comprehension)—Ceist 1

(1999)

[N.B. Ní mór na freagraí ar na ceisteanna sa Roinn seo a scríobh sna spásanna cuí ar an gceistpháipéar seo.]

CEIST 1 Meaitseáil na pictiúir agus na fógraí/comharthaí sna boscaí thíos agus scríobh na litreacha is fearr a fhreagraíonn do na huimhreacha, dar leat, sna spásanna cuí ar an ngreille. (20 marc)

1. Ná cas ar chlé
2. Páistí ag Trasnú
3. Seomra Feistis na mBuachaillí
4. Freastalaithe ag Teastáil
5. Éadaí Ban
6. An fheoil is fearr ar an bpraghas is ísle
7. Ciúnas — Scrúdú ar siúl
8. Ranganna Adhmadóireachta gach Céadaoin 9 a.m.
9. Foirgneamh Baolach — Fan amach!
10. Ná hól an t-uisce

Uimhir	Litir
1	
2	
3	
4	
5	
6	
7	
8	
9	
10	

(1998)

[N.B. Ní mór na freagraí ar na ceisteanna sa Roinn seo a scríobh sna spásanna cuí ar an gceistpháipéar seo.]

CEIST 1 Meaitseáil na pictiúir agus na fógraí/comharthaí sna boscaí thíos agus scríobh na litreacha is fearr a fhreagraíonn do na huimhreacha, dar leat, sna spásanna cuí ar an ngreille. (20 marc)

1. Amharclann de hÍde — *Milseog an tSamhraidh* — Éilis Ní Dhuibhne
2. Taispeántas Faisin na Sionainne in Áth Luain
3. **Stailc ar siúl anseo**
4. *Bia agus Bord ar fáil anseo* — Seomraí en suite
5. **OIFIG AN RÚNAÍ**
6. Búistéir den Scoth — Togha na Feola
7. Ceamara Slándála ar Feidhmiú Anseo
8. Leanaí ag Trasnú — Tiomáin go mall
9. Ranganna Seit — Gach Céadaoin, 8 p.m.
10. **Tá an Carrchlós Lán**

Uimhir	Litir
1	
2	
3	
4	
5	
6	
7	
8	
9	
10	

(1997)

[N.B. Ní mór na freagraí ar na ceisteanna sa Roinn seo a scríobh sna spásanna cuí ar an gceistpháipéar seo.]

CEIST 1 Meaitseáil na pictiúir agus na fógraí/comharthaí sna boscaí thíos agus scríobh na litreacha is fearr a fhreagraíonn do na huimhreacha, dar leat, sna spásanna cuí ar an ngreille. (20 marc)

1. Ná tabhair bia do na hainmhithe

2. Na dátaí is déanaí
   Post na Nollag
   An Bhreatain 20 Nollaig
   Éire 21 Nollaig

3. **Cúrsa Drámaíochta**
   Ranganna do dhaoine óga
   Amharclann de hÍde
   Dé Sathairn 4.00 p.m.

4. **Rannóg Timpiste**
   Otharcharranna Amháin

5. **Cógaiseoir**
   Siopa ar oscailt déanach gach oíche

6. Craobh na hEireann
   Cispheil
   Aire in Náisiúnta Chispheile
   Dé Domhnaigh – 2.30 p.m.

7. **Cúntóirí ag teastáil**
   Leabharlann na Scoile
   Luan–Aoine 12.30 p.m.–1.00 p.m.

8. **Le díol**
   Feirm mhór dhéiríochta
   200 acra 300 bó
   Fón: 046 98765

9. **OIBREACHA BÓTHAIR ROMHAT**

10. *Comhaltas Ceoltóirí Éireann*
    Ranganna Damhsa

Uimhir	Litir
1	
2	
3	
4	
5	
6	
7	
8	
9	
10	

AONAD 3 LÉAMHTHUISCINT FÓGRAÍ – CEIST 2 (A AGUS B)

You will be asked to read various notices (*fógraí*) and to answer questions about them in this series.

- *Fógraí scoile* (school notices or announcements)
- *Fógraí ginearálta* (general notices)
- *Fógraí d'fhéilte* (about festivals)
- *Fógraí faoi bhiachláir* (about menus)
- *Fógraí faoi chláir ama busanna, scoile, eitleán, traenacha* (about timetables for buses, school, flights, trains, etc.)
- *Fógraí faoi fhoirmeacha iarratais* (about application forms)
- *Sceidil clár teilifíse agus raidió* (schedules of television and radio programmes)

How to answer Ceist 2
'Freagair do rogha *dhá cheann* de (*a*) (*b*) agus (*c*) anseo thíos.' You are required to answer *any two* of (*a*) (*b*) and (*c*). Both (*a*) and (*b*) are *fógraí* (notices), while (*c*) is a poem. You should note that there are equal marks for each section – i.e. 15 + 15 marks.

Your answers should be written on the answer sheet, and of course in Irish. It is sufficient to write short sentences, or even single-word answers. All questions should be attempted.

TIPS FOR ANSWERING THESE QUESTIONS
- You should be familiar with and learn off by heart the *patrúin cheisteacha* (question patterns) on page 3.
- Questions and answers will usually follow the sequence of the notice or announcement or the poem i.e. first question at or towards the beginning, and so on.
- You should avoid 'lucky dip answers', i.e. giving a whole lot of information from the passage or poem and hoping the answer is in there somewhere. This does not impress examiners – quite the opposite.

WHAT TO DO NEXT
1. Study the worked examples for 2005 and for 2004 (pages 99 and 100).
2. Now do the various sample tests from past examination papers that follow.
3. You should perhaps attempt one test each week.

4. You will find the answers to these tests in the answers section (p. 000).
5. Remember, when doing these tests if two points (*dhá cheann, dhá rud*) are required you must include two separate points, using bullet points (*) to indicate each point.
6. Remember also, that if the question requires only one point then you should include only one point in your answer. You should note that you will lose marks if you include either too few or too many points in your answer.

Ceist 2 – LÉAMHTHUISCINT
Worked example (2005 exam)

(a) Léigh an *fógra* seo a leanas agus freagair na ceisteanna a ghabhann leis. (15 mharc)

TABHAIR AIRE AR NA BÓITHRE
Cuir deireadh le timpistí

MÁ THIOMÁINEANN TÚ
- Ná tiomáin ró-thapa
- Caith crios suíocháin sábhála
- Ná hól alcól
- Tóg sos má bhíonn tú tuirseach
- Bí an-chúramach má bhíonn sioc nó leac oighir ar na bóithre

MÁ ÚSÁIDEANN TÚ ROTHAR
- Caith clogad i gcónaí
- San oíche – úsáid solas tosaigh agus cúil
- Bí cinnte go bhfuil na coscáin ag obair i gceart
- Stop ag na soilse tráchta nuair a bhíonn an solas dearg
- Ná caith cluasáin

MÁ SHIÚLANN TÚ
- Caith éadaí geala
- Má tá cosán ann úsáid é

Ag dul trasna an bhóthair
- Stop, féach agus éist
- Téigh trasna ag soilse tráchta nó soilse coisithe más féidir
- Ná siúl trasna idir charranna páirceáilte

Go dté tú slán
AN CHOMHAIRLE SÁBHÁILTEACHTA NÁISIÚNTA

Marcanna

(i) Luaigh **dhá** rud is féidir le tiománaí a dhéanamh chun líon na dtimpistí a laghdú.

*Ná tiomáin ró-thapa. *Ná hól alcól. *N.B. There are 3 other choices.* 5

(ii) Luaigh rud **amháin** atá le déanamh ag coisithe ag dul trasna an bhóthair.

*Stop, féach agus éist. *Ná siúl trasna idir charranna páirceáilte.
N.B. There's one other. 5

(iii) Cad ba cheart do rothaithe a chaitheamh i gcónaí?

Clogad. 5

Ceist 2 Worked example (2004 exam)

(a) Léigh an *fógra* seo a leanas agus freagair na ceisteanna a ghabhann leis. (15 mharc)

Tabhair cuairt ar Bhrú na Bóinne

☐ Ar oscailt gach lá i rith na bliana
☐ Tá eolas le fáil san Ionad Cuairteoirí ar oidhreacht seandálaíochta Ghleann na Bóinne
☐ Tosaíonn na cuairteanna go léir ar na tuamaí meigiliteacha ag an Ionad Cuairteoirí
☐ Turasanna treoraithe go Slí an Bhrú agus Cnóbha
☐ Áiseanna ar fáil:

- Seirbhís rialta mionbhus go Slí na Bóinne agus Cnóbha
- Leithris do dhaoine faoi mhíchumas
- Seomra tae
- Pointe eolais do thurasóirí

Má tá tuilleadh eolais uait scríobh chuig:

Ionad Cuairteoirí Bhrú na Bóinne
(Slí an Bhrú agus Cnóbha)
Dún Uabhair, Co. na Mí

nó

Fón: 041-9880300

	Marcanna
(i) Cathain a bhíonn Brú na Bóinne ar oscailt? <u>Bíonn sé ar oscailt gach lá i rith na bliana.</u>	5
(ii) Cá dtosaíonn na cuairteanna ar na tuamaí meigiliteacha? <u>Tosaíonn na cuairteanna ag an Ionad Cuairteoirí.</u> *N.B. 'Ag an Ionad Cuairteoirí' would also get full marks.*	5
(iii) Luaigh **dhá** cheann de na háiseanna atá ar fáil. *Seomra Tae. *Leithris do dhaoine faoi mhíchumas. *N.B. There are 2 others you could also give.*	5

Ceist 2 (2003)

(a) Léigh an *fógra* seo a leanas agus freagair na ceisteanna a ghabhann leis. (15 mharc)

MEÁNSCOIL MHUIRE
AN UAIMH
Comóradh 25 Bliana 1978 – 2003
17–18 Meitheamh

SATHARN	
10am	Cluiche Peil Ghaelach idir foireann shinsearach na scoile agus foireann na n-iarscoláirí
12pm	Comórtais lúthchleasaíochta do gach aois – óg agus aosta!
2.30pm–4.00pm	I Halla na Scoile: • Iománaíocht faoi dhíon don chéad bhliain • Eitpheil, cispheil agus badmantan
4.30pm	Cluiche sacair idir na múinteoirí agus na tuismitheoirí
6 p.m.	Bronnadh na mbonn
DOMHNACH	
10am	Aifreann á cheiliúradh ag séiplíneach na scoile – an tAthair Ó Murchú
11.30am	Díolachán Earraí chun airgead a bhailiú ar son an Tríú Domhan Earraí de gach sórt ar díol: Leabhair, dlúthdhioscaí, buidéil fhíona, pictiúir ealaíne, plandaí agus bláthanna
3.00pm	Cór na scoile: Amhráin thraidisiúnta agus nua-aimseartha
8.00pm	An dráma *An Lasair Choille* á léiriú ag Cumann Drámaíochta na nIarscoláirí

(i) Cad a bheidh ar siúl do dhaoine fásta agus daoine óga?

(ii) Cén fáth a mbeidh an Díolachán Earraí ar siúl?

(iii) Ainmnigh na saghsanna amhrán a chanfaidh cór na scoile?

Ceist 2 (2002)

(a) Léigh an *fógra* seo a leanas agus freagair na ceisteanna a ghabhann leis. (15 mharc)

Cumann Drámaíochta Dhún Laoghaire Deireadh seachtaine ar Oileán: Inis Bó Finne Satharn 9 Márta 2002 – Luan 11 Márta 2002	
AN CLÁR	
SATHARN	
9 a.m.	Fágfaidh an bus Halla an Bhaile, Dún Laoghaire.
1 p.m.	Sos agus lón in Óstán na Trá, Gaillimh.
2.30 p.m.	Bus ó Ghaillimh go dtí An Cloigeann.
4 p.m.	Turas báid ón gCloigeann go dtí Inis Bó Finne.
8 p.m.	Dráma: *An Triail* le Máiréad Ní Ghráda á léiriú san Ionad Pobail.
DOMHNACH	
10 a.m.	Turas coisíochta timpeall an oileáin tar éis an bhricfeasta.
3 p.m.	Ceardlann damhsa seit agus céilí do dhaoine nach bhfuil na rincí go maith acu.
9 p.m.–1 a.m.	Oíche Ghaelach: Céilí, Seiteanna, Amhránaíocht agus Craic.
LUAN	
11 a.m.	Filleadh abhaile tar éis an bhricfeasta.
Costas: 100 euro (táille bus san áireamh) Tuilleadh eolais le fáil ón rúnaí, Seán Mac Mathúna	

(i) Conas a thaistil an Cumann Drámaíochta ó Ghaillimh go dtí Inis Bó Finne?

(ii) Cad a rinne siad maidin Dé Domhnaigh tar éis bricfeasta?

(iii) Cá bhfuil níos mó eolais le fáil faoin turas?

Ceist 2 (2001)

(a) Léigh an *fógra* seo a leanas agus freagair na ceisteanna a ghabhann leis. (15 mharc)

AN GARDA SÍOCHÁNA

Cabhraigh linn chun cabhrú leatsa do cheantar a choimeád slán sábháilte

SEIMINEÁR LAE I HALLA AN BHAILE

DÉ DOMHNAIGH 24 MEITHEAMH 2001

FÁILTE ROIMH CHÁCH

AN CLÁR

10.00 a.m.	Osclóidh an tAire Dlí agus Cirt, Comhionannais agus Leasaithe Dlí an seimineár go hoifigiúil. Labhróidh sé ar an obair a dhéanann na Gardaí.
10.30 a.m.	Caint ó Choimisinéir an Gharda Síochána, Seán Ó Broin, ar: Na rudaí is féidir leis na Gardaí agus na daoine a dhéanamh chun cabhrú lena chéile.
11.00 a.m.	Sos go dtí 11.30 a.m. Seans ag muintir na háite agus na Gardaí bualadh agus labhairt lena chéile.
11.30 a.m.	Taispeánfaidh an Sáirsint, Tomás Ó hÉalaí, físeán ar: Conas do theach a choimeád slán. Freagróidh sé ceisteanna ar an bhfíseán i ndiaidh an taispeántais.
12.30 p.m.	Lón in Óstán an Chaisleáin.
2.00 p.m.	Caint ón Dr Ó Murchú ar: Daoine óga, drugaí agus alcól — cad is féidir a dhéanamh?
3.00 p.m.	Deireadh an tseimineáir.

(i) Cá mbeidh an seimineár?

(ii) Cad is féidir leis na gardaí agus muintir na háite a dhéanamh ag an sos ar 11.00 a.m.?

(iii) Luaigh rud amháin a dhéanfaidh an Sáirsint, Tomás Ó hÉalaí, ag an seimineár.

Ceist 2 (2000)

(a) Léigh an *fógra* seo a leanas agus freagair na ceisteanna a ghabhann leis. (15 mharc)

FÉILE 2000

Féile na nEalaíon Gaelach
Gaillimh
16 – 20 Deireadh Fómhair

DÉ LUAIN	6.00 p.m.	Oscailt Oifigiúil na Féile san Ionad Ealaíon le hÉamonn Ó Cuív, T.D., Aire Stáit i Roinn na Gaeltachta.
	8.00 p.m.	Dráma: *Cúirt an Mheán Oíche* (leagan Gaeilge) le Tom McIntyre sa Taibhdhearc.
DÉ MÁIRT	6.30 p.m.	Léacht Fhilíochta le Cathal Ó Searcaigh, file Thír Chonaill, in Áras na nGael.
	8.30 p.m.	Oíche Amhránaíochta ar an Seán-nós in Óstán na Trá.
DÉ CÉADAOIN	11.00 a.m.	Díospóireacht: *Drámaíocht na Gaeilge — cad atá i ndán di?* sa Taibhdhearc.
	9.00 p.m.	Dioscó Ceilteach le Rónán Mac Fhíobhuí in Óstán na Trá.
DÉARDAOIN	11.00 a.m.	Díospóireacht: *Cá bhfuil an Sean-nós ag dul?* sa Taibhdhearc.
	8.00 p.m.	Dráma: *Buidéal Fhéile Vailintín* le Pól Mag Uidhir in Amharclann na Cathrach.
DÉ HAOINE	6.30 p.m.	Léacht: *Scríbhneoireacht Ghaeilge* leis an údar Ré Laighléis in Áras na nGael.
	8.30 p.m.	Ceolchoirm Roc-cheoil leis an ngrúpa Kila in Amharclann na Cathrach.

(i) Ainmnigh an polaiteoir cáiliúil a bheidh i láthair Dé Luain. Cad a bheidh ar siúl aige?

(ii) Is breá leat an drámaíocht. Luaigh **dhá** rud a bheidh ar siúl duitse le linn Fhéile 2000.

(iii) Luaigh **dhá** imeacht a bhainfidh le ceol.

Ceist 2 (1999)

(a) Léigh an *fógra* seo a leanas agus freagair na ceisteanna a ghabhann leis. (15 mharc)

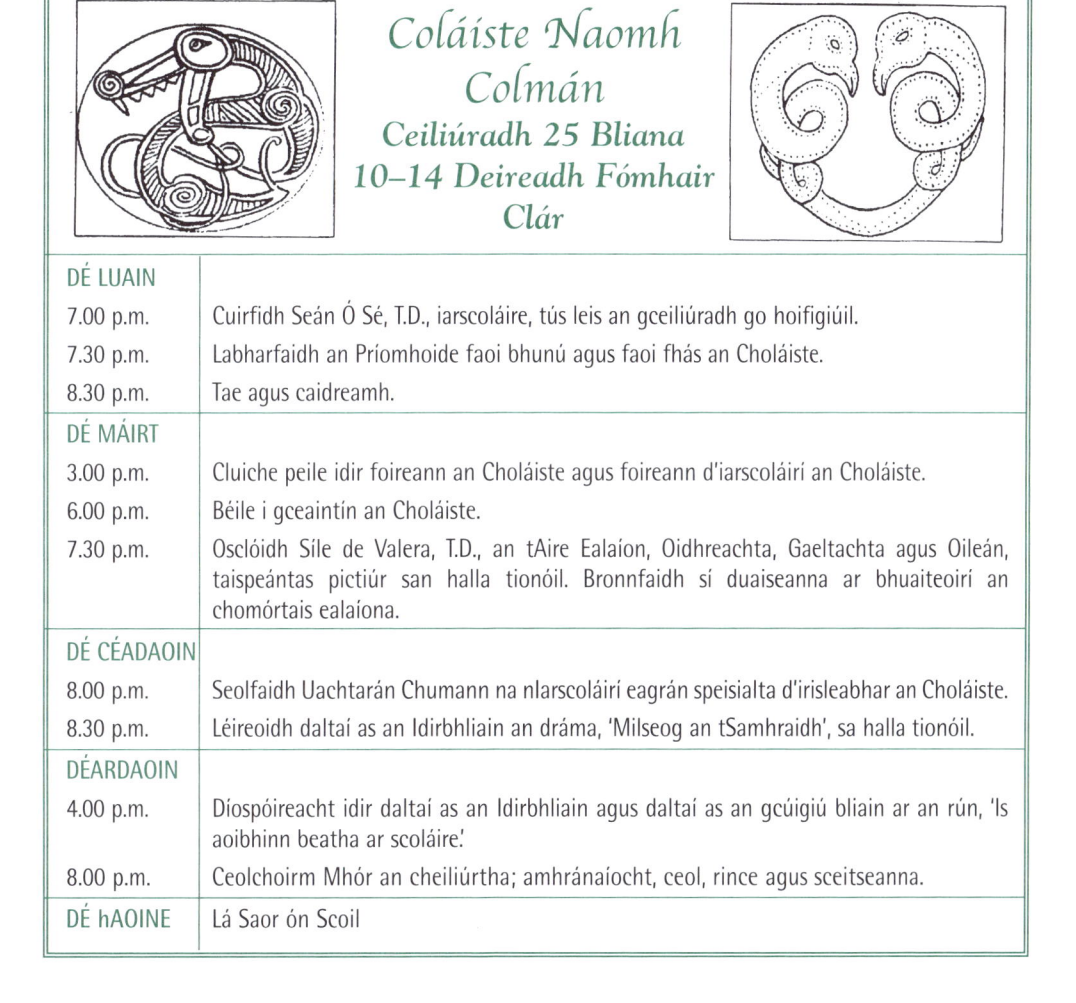

Coláiste Naomh Colmán
Ceiliúradh 25 Bliana
10–14 Deireadh Fómhair
Clár

DÉ LUAIN	
7.00 p.m.	Cuirfidh Seán Ó Sé, T.D., iarscoláire, tús leis an gceiliúradh go hoifigiúil.
7.30 p.m.	Labharfaidh an Príomhoide faoi bhunú agus faoi fhás an Choláiste.
8.30 p.m.	Tae agus caidreamh.
DÉ MÁIRT	
3.00 p.m.	Cluiche peile idir foireann an Choláiste agus foireann d'iarscoláirí an Choláiste.
6.00 p.m.	Béile i gceaintín an Choláiste.
7.30 p.m.	Osclóidh Síle de Valera, T.D., an tAire Ealaíon, Oidhreachta, Gaeltachta agus Oileán, taispeántas pictiúr san halla tionóil. Bronnfaidh sí duaiseanna ar bhuaiteoirí an chomórtais ealaíona.
DÉ CÉADAOIN	
8.00 p.m.	Seolfaidh Uachtarán Chumann na nIarscoláirí eagrán speisialta d'irisleabhar an Choláiste.
8.30 p.m.	Léireoidh daltaí as an Idirbhliain an dráma, 'Milseog an tSamhraidh', sa halla tionóil.
DÉARDAOIN	
4.00 p.m.	Díospóireacht idir daltaí as an Idirbhliain agus daltaí as an gcúigiú bliain ar an rún, 'Is aoibhinn beatha ar scoláire.'
8.00 p.m.	Ceolchoirm Mhór an cheiliúrtha; amhránaíocht, ceol, rince agus sceitseanna.
DÉ hAOINE	Lá Saor ón Scoil

(i) Cad faoi a labharfaidh an Príomhoide?

(ii) Céard a osclóidh Síle de Valera?

(iii) Cén rún a phléifear sa díospóireacht?

Ceist 2 (1998)

(a) Léigh an *fógra* seo a leanas agus freagair na ceisteanna a ghabhann leis. (15 mharc)

Pléaráca
Chonamara '97
Clár na Féile   18 – 21 Meán Fómhair

DÉARDAOIN	
8.00 p.m.	Oscailt oifigiúil na Féile i dteach Pheadair Mhóir le Seosamh Mac Donncha.
10.00 p.m.	Oíche Airneáin; Joe Steve Ó Neachtain ina fhear tí.
DÉ hAOINE	
9.00 p.m.	Karaoke trí Ghaeilge sa Réalt; Diarmaid de Faoite ina fhear tí.
10.00 p.m.	Grúpa ceoil ón mBreatain Bheag ag seinm sa Chrúiscín Lán.
DÉ SATHAIRN	
11.00 a.m.	Ceardlann seiteanna san Ionad Pobail le Pádraig Ó Sé.
1.00 p.m.	Lá spóirt i bPáirc Chamais – Aclaíocht.
DÉ DOMHNAIGH	
4.00 p.m.	Siamsa in Áras Mhic Dara do na seandaoine.
8.00 p.m.	Comórtas rince céime ar an sean-nós sa Chistin; Máirtín Jéimsí Ó Flaithearta ina fhear tí.
11.00 p.m.	Rince Mór an Fhómhair in Óstán na Ceathrún Rua.

Tá eolas breise le fáil ó oifig Phléaráca.

(i) Cé a dhéanfaidh Pléaráca Chonamara a oscailt go hoifigiúil?

(ii) Cá mbeidh an grúpa ceoil ón mBreatain Bheag ag seinm?

(iii) Cad a bheidh ar siúl in Óstán na Ceathrún Rua?

Ceist 2 (1997)

(a) Léigh an *fógra* seo a leanas agus freagair na ceisteanna a ghabhann leis. (15 mharc)

Scoil Naomh Áine
Seachtain na Sláinte
7 – 11 Deireadh Fómhair

DÉ LUAIN:
10.00 a.m.	Oscailt Oifigiúil le Sonia O'Sullivan – reathaí.
11.00 a.m.	Caint ó Darina Allen – an cócaire cáiliúil – 'An chaoi le hithe go sláintiúil' – sa Seomra Cócaireachta.
2.00 p.m.	Cuairt ar Ionad Spóirt Óstán na Cille. Rásaí snámha i linn snámha an óstáin.

DÉ MÁIRT:
10.00 a.m.	Dráma: 'Drugaí = Dainséar' le Mícheál de Búrca, á léiriú ag Aisteoirí Bulfin i Halla na Scoile.
12 nóin	Taispeántas Cispheile ó chlub cispheile Naomh Uinseann.
7.30 p.m.	Seó Faisin Spóirt i Halla na Scoile – ar son Ospidéal Naomh Séamas.

DÉ CÉADAOIN:
10.00 a.m.	Ceardlann Snámha le Michelle Smith (an buaiteoir Oilimpeach) i linn snámha na scoile.
12.30 p.m.	Cluiche Sacair: Múinteoirí v Tuismitheoirí.
3.00 p.m.	Cuairt ar an scoil ón Aire Sláinte, Mícheál Ó Núanáin, T.D.

DÉARDAOIN:
10.00 a.m.	'Seachain an Siúcra!' Caint ó Shíle Ní Mhórdha, fiaclóir.
12 nóin	Siúlóid 10 ciliméadar – ar son Chumann Ailse na hÉireann.
7.30 p.m.	Lainseáil físeáin nua: 'Aclaíocht le hAisling' le hAisling Ní Bhriain (ball de Choiste na dTuismitheoirí).

DÉ hAOINE:
10.00 a.m.	Seisiún ceisteanna agus freagraí le Niall Quinn, an peileadóir proifisiúnta, sa Halla Spóirt.
12 nóin	Díolachán Saothair i Halla na Scoile – ar son chiste na gCluichí Oilimpeacha speisialta.
7.00 p.m.	Tráth na gCeist Boird (á eagrú ag Coiste na dTuismitheoirí) sa Halla Spóirt.

(i) Ainmnigh **beirt** phearsa spóirt a thiocfaidh ar cuairt go dtí an scoil.

___

(ii) Beidh baint ag *tuismitheoirí* le roinnt de na himeachtaí thuas. Ainmnigh **dhá cheann** de na himeachtaí sin.

___

(iii) Cad a bheidh ar siúl ar son **Ospidéal Naomh Séamas**? Cén áit? Cén t-am?

___

Ceist 2 (1996)

(a) Léigh an *fógra* seo a leanas agus freagair na ceisteanna a ghabhann leis. (15 mharc)

Scoil Mhuire An Clochán
Féile Ealaíne
16 – 20 Meán Fómhair

DÉ LUAIN	
10.00 a.m.	Oscailt oifigiúil le Mary O'Malley, file
11.00 a.m.	Taispeántas ealaíne, sa leabharlann
2.00 p.m.	Turas chuig Lárionad Potaireachta Chonamara
DÉ MÁIRT	
10.00 a.m.	Díospóireacht: 'Níl aon chultúr fágtha in Éirinn', sa leabharlann
1.00 p.m.	An scannán *Poitín* le Bob Quinn, san amharclann
7.30 p.m.	Ceolchoirm rock, sa halla spóirt
DÉ CÉADAOIN	
10.00 a.m.	Comórtas rince nua-aimseartha sa halla spóirt
12.00	Siúlóid stairiúil timpeall an cheantair le Tim Robinson
3.00 p.m.	Cuairt ó Michael D. Higgins TD, Aire Rialtais agus file
DÉARDAOIN	
10.00 a.m.	Caint ó Don Conroy (RTÉ) ar 'Conas péinteáil ar bheagán airgid', sa seomra ealaíne
12.00	Comórtas rincí seit, sa halla spóirt
3.00 p.m.	An dráma *Grásta i Meiriceá* le hAntaine Ó Flaithearta, á léiriú ag Club Drámaíochta na Scoile san amharclann
DÉ hAOINE	
10.00 a.m.	Ceardlann filíochta le Máire Mhac an tSaoi, sa leabharlann
7.30 p.m.	Céilí mór sa halla spóirt; ceoltóirí: Jim Mullen agus a chairde

(i) Ainmnigh beirt fhilí a bheidh ag teacht chuig an scoil i rith na seachtaine.

_____

(ii) Beidh baint ag *damhsa* le roinnt de na himeachtaí seo. Ainmnigh *dhá cheann* díobh.

_____

(iii) Cén lá a bheidh an dráma ar siúl? Cén áit? Cé a scríobh an dráma?

_____

Ceist 2 Worked example (2005 exam)

(b) Léigh an *fógra* seo a leanas agus freagair na ceisteanna a ghabhann leis. (15 mharc)

AN LEABHARLANN ÁITIÚIL

Ar oscailt
Luan – Satharn ó 10.00 a.m. go dtí 5 p.m.

Leabhair de gach cineál ar fáil do gach aoisghrúpa

Imeachtaí suimiúla le teacht

9 Bealtaine 2005 – Taispeántas ealaíne do dhaoine óga idir 7 agus 10 mbliana d'aois

Suim agat san ealaín? Má tá beidh seans agat:

Do chuid pictiúr a thaispeáint go poiblí
Labhairt le healaíontóirí cáiliúla
Treoir agus cabhair a fháil uathu

11 Meitheamh 2005 – Ceiliúradh Scríbhneoirí agus Léitheoirí
Más maith leat an léitheoireacht bí ann
Gheobhaidh tú eolas ar leabhair nua agus beidh seans agat:

- caint faoi na leabhair atá léite agat féin
- éisteacht le tuairimí léitheoirí/scríbhneoirí

		Marcanna
(i)	Cad iad na laethanta a bhíonn an leabharlann ar oscailt?	
	Bíonn sé ar oscailt ó Luan go Satharn. *N.B. Luan-Satharn will do also. You should not mention the times (10.00 a.m. – 5 p.m.).*	5
(ii)	Luaigh rud **amháin** a mbeidh seans ag daoine óga é a dhéanamh.	
	Labhairt le healaíontóirí cáiliúla. *N.B. There are two other answers you could give, but remember, you should only give one point.*	5
(iii)	Cad a bheidh ar siúl ar an 11 Meitheamh 2005?	
	Ceiliúradh scríbhneoirí agus léitheoirí.	5

Worked example (2004 exam)

(b) Léigh an *fógra* seo a leanas agus freagair na ceisteanna a ghabhann leis. (15 mharc)

Cumann Naomh Uinseann de Pól Díolachán Earraí

Á eagrú ag scoláirí Choláiste Naomh Eoin

Ionad agus am
Coláiste Naomh Eoin, An Tulach Mhór
Halla an Choláiste
Satharn — 6 Nollaig 1 p.m.–5 p.m.
Cead isteach
Daoine Fásta: €3
Scoláirí: €1

Ar díol
☐ Leabhair
☐ Bréagáin
☐ Plandaí
☐ Potaireacht
☐ Cártaí Nollag
☐ Éadaí
☐ Deoch

Taispeántas ealaíne agus grianghrafadóireachta
ag scoláirí agus tuismitheoirí na scoile.

Más maith leat cabhrú linn cuir glao teileafóin ar
Sheán Ó Briain — Rúnaí Chumann na nIarscoláirí
Ag: 01-5680347

Léamhthuiscint Fógraí—Ceist 2

Marcanna

(i) Cén áit sa Choláiste a mbeidh an Díolachán Earraí ar siúl?

Beidh sé ar siúl i Halla an Choláiste. *N.B. I Halla an Choláiste would also get full marks.*   5

(ii) Ainmnigh **dhá** rud a bheidh ar díol.

*Leabhair *Bréagáin. *N.B. Any of the other six such as 'plandaí' would do.*   5

(iii) Cé a chuirfidh an taispeántas ealaíne agus grianghrafadóireachta ar siúl?

Scoláirí agus tuismitheoirí na scoile.   5

Ceist 2 (2003)

(b) Léigh an *fógra* seo a leanas agus freagair na ceisteanna a ghabhann leis. (15 mharc)

TITHE SAMHRAIDH

Iarthar Chiarraí

Ar fáil ó Bhealtaine go deireadh Lúnasa

An Ceantar
* Sléibhte agus tránna áille
* Dhá ghalfchúrsa. Fáilte roimh chuairteoirí
* Óstán breá le:
  * linn snámha
  * cúirteanna leadóige
  * seisiúin cheoil gach oíche
  * dioscónna do dhéagoirí
  * seomra cluichí do pháistí óga

Na Tithe
* **Bungalónna**
  * Trí sheomra leapa
  * Seomra suite
  * Cistin mhór le gach áis nua-aimseartha
  * Radharc breá ar an bhfarraige
  * Cúig nóiméad on trá

* **Tithe feirme**
  * Tithe dhá stór
  * Suite in aice na sléibhte
  * Iascaireacht in aibhneacha agus locha glana
  * Siúlóid sna sléibhte
  * Bia folláin feirme

Saoire in áit chiúin thaitneamhach i lóistín iontach
Eolas ó Áine Ní Bhroin: 066–4548902
9.00am – 5.00pm ón Luan go dtí an Aoine

		Marcanna
(i)	Cathain a bheidh na tithe samhraidh ar fáil?	5
(ii)	Ainmnigh dhá rud atá san óstán.	5
(iii)	Cén uair is féidir eolas a fháil i dtaobh na dtithe seo?	5

Ceist 2 (2002)

(b) Léigh an *fógra* seo a leanas agus freagair na ceisteanna a ghabhann leis. (15 mharc)

OLLMHARGADH UÍ SHÉ

An bhfuil post maith le pá maith uait?

POIST SHAMHRAIDH AR FÁIL

Daoine óga ag teastáil chun:

- Málaí a phacáil do na custaiméirí.
- Tralaithe a bhailiú sa charrchlós.
- Na hurláir agus na seilfeanna a ghlanadh.
- Na hearraí a chur ar na seilfeanna.
- Obair a dhéanamh ag an deasc airgid.

COINNÍOLLACHA

- Aois: sé bliana déag ar a laghad.
- Sásta obair chrua a dhéanamh.
- Dea-bhéasa agus pearsantacht dheas.
- Ar fáil ó Mhí an Mheithimh go dtí deireadh Mhí Lúnasa.
- Pá: €5 san uair.

(i) Cá bhfuil na poist shamhraidh le fáil?

(ii) Luaigh dhá rud a bheidh le déanamh sna poist seo.

(iii) Cé mhéad airgid a bheidh le fáil sna poist?

Ceist 2 (2001)

(b) Léigh an *fógra* seo a leanas agus freagair na ceisteanna a ghabhann leis. (15 mharc)

TUIRSEACH DE BHIA TAPA?

Ceannaigh leabhar nua cócaireachta den chéad scoth

Cócaireacht do gach duine
le Siobhán Ní Mhurchú

Foghlaim conas:

- Bia blasta a ullmhú sa bhaile go tapa
- Airgead a shábháil
- Do mheáchan a laghdú le do rogha aiste bia: feoilséantach, iasc nó feoil
- Feoil mhaith a cheannach agus í a chócaireacht i gceart
- Béilí do chóisirí a ullmhú go héasca
- Lón suimiúil agus sláintiúil a ullmhú do pháistí scoile

Cócaireacht ar bheagán airgid!
Cócaireacht shláintiúil!

Beidh Siobhán ag síniú cóipeanna dá leabhar i Siopa Leabhar Uí Néill

Dé Sathairn seo chugainn ó 11.00 a.m. – 3.00 p.m.

(i) Cad is ainm don leabhar a scríobh Siobhán Ní Mhurchú?

(ii) Cén sórt lóin atá sa leabhar seo do pháistí scoile?

(iii) Cad a bheidh ar siúl ag Siobhán Ní Mhurchú Dé Sathairn seo chugainn?

Ceist 2 (2000)

(b) Léigh an *fógra* seo a leanas agus freagair na ceisteanna a ghabhann leis. (15 mharc)

Campa Saoire Cois Locha
Drom Inbhir
Co. Thiobraid Árann

Díreach in aice le Loch Deirgeirt
Caith saoire linne an samhradh seo
Fáilte roimh dhaoine óga 12–16

Cluichí Páirce
Peil ghaelach, iománaíocht, camógaíocht, sacar, rugbaí.

Cluichí Cúirte
Badmantan, leadóg, scuais.

Cluichí Laistigh
Leadóg bhoird, táiplis, fichealll.

Spórt Uisce
Bádóireacht, snámh, iascaireacht, tumadóireacht

Ranganna drámaíochta le Mick Lally.
Ranganna péintéireachta.
Ranganna ceoil le ceoltóirí traidisiúnta.

Bairbiciú amuigh faoin aer gach tráthnóna Sathairn (ag brath ar an aimsir)
Dioscó nó Scannán nó Céilí gach oíche.

Chun bróisiúr a fháil, scríobh chuig:
Seán de Paor, Bainisteoir.

(i) Cén fáth a dtugtar Campa Saoire Cois Locha ar an gcampa saoire seo?

(ii) Ainmnigh **dhá** chluiche gaelacha a imrítear sa champa saoire seo.

(iii) Ba mhaith leat bróisiúr a fháil. Cad a dhéanfaidh tú?

Ceist 2 (1999)

(b) Léigh an *fógra* seo a leanas agus freagair na ceisteanna a ghabhann leis. (15 mharc)

**CLUB GAEILGE
OSPIDÉAL AN RÍ**

Cuairt ar Ghaeltacht Chiarraí

*Aoine, 26 Meitheamh –
Luan, 29 Meitheamh*

Clár na nImeachtaí

Aoine	9.00 a.m.	Traein ó Bhaile Átha Cliath (Stáisiún Heuston) go Trá Lí.
	2.00 p.m.	Bus ó Thrá Lí go Brú na Gráige (áit lóistín).
	6.00 p.m.	Dinnéar i mBrú na Gráige.
	8.00 p.m.	Oíche cheoil agus rince i mBrú na Gráige.
Satharn	10.00 a.m.	Cuairt ar Ionad an Bhlascaoid Mhóir i nDún Chaoin; caint ar scríbhneoirí an Bhlascaoid.
	11.30 a.m.	Turas báid go dtí Oileán an Bhlascaoid Mhóir.
	6.00 p.m.	Dinnéar i mBrú na Gráige; spaisteoireacht sa cheantar.
	8.00 p.m.	Oíche cheoil agus rince i mBrú na Gráige.
Domhnach	10.00 a.m.	Turas bus go dtí an Daingean.
	11.00 a.m.	Cuairt ar an Domhan Fothoinn.
	1.00 p.m.	Lón sa Chaifé Liteartha.
	2.30 p.m.	Cuairt ar Shéipéilín Ghallarais.
	6.00 p.m.	Dinnéar i dTeach an Tobair ar an mBuailtín.
	8.00 p.m.	Oíche cheoil agus rince i mBrú na Gráige.
Luan	9.00 a.m.	Bus ó Bhrú na Gráige go Trá Lí.
	11.00 a.m.	Siopadóireacht i dTrá Lí.
	1.00 p.m.	Traein ó Thrá Lí go dtí Baile Átha Cliath.

(i) Cá bhfuil Ionad an Bhlascaoid Mhóir?

(ii) Cá mbeidh an lón acu ar an Domhnach?

(iii) Luaigh an caitheamh aimsire a bheidh acu gach oíche agus iad i mBrú na Gráige.

Ceist 2 (1998)

(b) Léigh an *fógra* seo a leanas agus freagair na ceisteanna a ghabhann leis.
(15 mharc)

Teach Feirme Radharc an tSléibhe

Baile Coimín
Co. Chill Mhantáin
Fón (045) 871430

- Radhairc áille sléibhe agus locha.
- Cóiríocht sheascair chompordach.
- Bia mara agus feirme den scoth.
- Áiseanna bádóireachta agus iascaigh a Loch Bhaile Coimín.
- Marcaíocht capall.
- Teach Russborough in aice láimhe – ar oscailt don phobal.
- Fáilte roimh leanaí agus roimh pheataí.
- Seomraí en suite; rataí réasúnta.

(i) Cad é seoladh Theach Feirme Radharc an tSléibhe?

(ii) Luaigh dhá chaitheamh aimsire atá ar fáil ar Loch Bhaile Coimín.

(iii) Cad is ainm don teach atá ar oscailt don phobal?

Ceist 2 (1997)

(b) Léigh an *fógra* seo a leanas agus freagair na ceisteanna a ghabhann leis.
(15 mharc)

An Biúró Taistil

Saoire faoin nGrian uait?

*Téigh go dtí 'Cósta na Gréine' sa Spáinn – an áit a mbíonn sé ina shamhradh i gcónaí!
Teocht 22º – 27º gach lá!*

Tá dhá shórt árasáin ag an mBiúró Taistil in Óstán na Trá i Malaga i ndeisceart na Spáinne. Tá linn snámha san óstán, agus seomra teilifíse agus seomra cluichí. Tá Club do dhaoine óga ann chomh maith, agus bíonn imeachtaí iontacha ar siúl gach lá.

Árasán (A)	Árasán (B)
• ar an 3ú hurlár	• ar an 10ú hurlár
• dhá sheomra codlata	• seomra codlata amháin
• seomra suí	• cistin (sornóg gháis; cuisneoir)
• cistin (oigheann leictreach; cuisneoir; miasniteoir)	• radharc ar na sléibhte
• balcóin	• seomra folctha amháin
• radharc ar an bhfarraige	• raidió leictreach
• dhá sheomra folctha	
• teilifís	

Áit álainn cois farraige is ea Malaga. I measc na rudaí atá ann don turasóir, tá bialanna, siopaí, cúirteanna leadóige, galfchúrsaí, tithe tábhairne agus, ar ndóigh, an fharraige álainn ghorm sin!

Tuilleadh Eolais: An Biúró Taistil, 87 Sráid an Phiarsaigh, Baile Átha Cliath 2

(i) Cén fáth a dtugtar 'Cósta na Gréine' ar an áit seo sa Spáinn?

_____

(ii) Tá rudaí in Árasán (A) nach bhfuil in Árasán (B). Luaigh **dhá cheann** díobh.

_____

(iii) Ní maith leat bheith amuigh faoin ngrian. Cad atá san áit seo duitse, mar sin? (Is leor **dhá** rud.)

_____

Ceist 2 (1996)

(b) Léigh an *fógra* seo a leanas agus freagair na ceisteanna a ghabhann leis. (15 mharc)

1996
Fáilte Abhaile
Dúiche Sheoigheach

Dé Sathairn 3 Lúnasa – Dé Domhnaigh 11 Lúnasa

Dé Sathairn 3 Lúnasa 1996

8.00 p.m.	Aifreann, Séipéal an Chroí Ro-Naofa, Corr na Móna
9.00 p.m.	Fáilte oifigiúil agus seisiún ceoil, Áras Pobail Chorr na Móna

Dé Domhnaigh 4 Lúnasa 1996

10.00 a.m. – 4.00 p.m.	Ceardlann rince seit, an Mám
2.00 p.m.	Turas go Máméan
3.00 p.m.	Aifreann ar Mháméan

De Luain 5 Lúnasa 1996

10.00 a.m.	Comórtas iascaireachta, an Mám
2.00 p.m.	Lá spóirt sa pháirc imeartha, Corr na Móna

Tabharfaidh an tseachtain seo siar ar bhóithrín na smaointe thú.
Bain sásamh agus pléisiúr as imeachtaí na seachtaine seo.

(i) Cad a bheidh ar siúl Dé Sathairn?

(ii) Beidh roinnt de na himeachtaí ar siúl Dé Domhnaigh. Ainmnigh *dhá cheann* díobh.

(iii) Beidh comórtas iascaireachta ar siúl. Cén lá? Cén t-am?

AONAD 4   LÉAMHTHUISCINT (DÁNTA) – CEIST 2 (C)

How to do this question
- You should pay particular attention to 'na focail cheisteacha' (Page 3) and be very familiar with the vocabulary used for asking questions.
- The poems used are usually quite short and often contain just three verses.
- You will be asked to read the verses and answer three questions based on the verses.
- The questions are usually in sequence, Question 1 for verse one, etc.
- You should be careful to answer the question that is asked and don't just write down the whole verse, or too much of the verse, hoping that the answer will be in there 'somewhere'. That type of answer is known as a 'lucky dip' answer and gets very few marks.
- Questions will usually be very simple.

What to do Next
1. Study the worked examples that follow these instructions.
2. Now do the sample poems and questions that follow the worked examples.
3. You should try to do at least one sample poem and questions each week.
4. You will find the answers to the questions in the answers section (p. 184).

Ceist 2 Worked Example (2005)

(c) Léigh an **dán** seo a leanas agus freagair na ceisteanna a ghabhann leis.
(15 mharc)

Mo Rangsa

Tá an clár dubh ar an mballa
Is mo mhála ar an talamh
Níl mo bhuidéal cóc fós folamh,
4   Is tá mise istigh sa rang.
Tá na gasúir ag sioscadh
Is leaid amháin ag ithe briosca
Tá an múinteoir ag ligean osna,
8   Is tá mise istigh sa rang.
Tá sé beagnach a trí
Beidh saoire a'inn go ceann dhá mhí,
Tá an múinteoir criogthaí,
12 Is níl mise i mo rang
Mar tá mé ar mo bhealach abhaile.

Dónall Ó Colchúin

Gluais
l.5   **sioscadh:** cogarnach
l.10 **a'inn:** againn
l.11 **criogthaí**: traochta

Marcanna

(i) Cá bhfuil mála an fhile?

Tá a mhála ar an talamh. *N.B. 'ar an talamh' would also do.*   5

(ii) Cad atá á dhéanamh ag leaid amháin?

Tá leaid amháin ag ithe briosca. *N.B. 'ag ithe briosca' would also do.*   5

(iii) Cá fhad a bheidh an rang ar saoire ?

Beidh an rang ar saoire go ceann dhá mhí.
N.B. 'go ceann dhá mhí' would also do.   5

Ceist 2 Worked Example (2004)

(c) Léigh na véarsaí seo a leanas agus freagair na ceisteanna a ghabhann leo. (15 mharc)

Fuaimeanna

Chuala mé fuiseog
Ag cantain go breá,
I gceartlár na tuaithe,
Ar feadh tréimhse den lá.

Chuala mé eitleán
Le soilse aréir,
Ag gluaiseacht go tapa
Go hard sa spéir.

Chuala mé madra
Ag tafann gan stad,
I bhfad ó mo bhaile,
An oíche ar fad.

Chuala mé popcheol
Ón dioscó go mear,
Ag líonadh na sráide,
Leis na teidil is fearr.

Póilín Ní Náraigh

Marcanna

(i) Cár chuala an file an fhuiseog?

Chuala sí an fhuiseog i gceartlár na tuaithe.
N.B. 'i gceartlár na tuaithe' would also do.   5

(ii) Cá raibh an t-eitleán?

Bhí an t-eitleán go hard sa spéir. *N.B. 'go hard sa spéir' would also do.*   5

(iii) Cad a bhí á dhéanamh ag an madra?

Bhí an madra ag tafann gan stad. *N.B. 'ag tafann gan stad' would also do.*   5

Ceist 2 (2003)

(c) Léigh na véarsaí seo a leanas agus freagair na ceisteanna a ghabhann leo.
(15 mharc)

> **Luch**
>
> Ní raibh ann ach luch,
> Luichín tí,
> Ní raibh ann ach luch,
> Luch trí mhí,
> Ní raibh ann ach luch,
> Ach bhí sé lán de bhrí:
> Agus chanadh sé os íseal
> Dó ré mí.
> Lá amháin tháinig cat mór groí,
> An t-ainm a bhí uirthi ná Marjorie.
> Chuala sí an luichín ag canadh dó ré mí
> 'Ó fidil!' arsa Marjorie, 'fidil dí dí!'
>
> Ní raibh ann ach luch,
> Luichín tí,
> Ní raibh ann ach ainmhí
> Bocht simplí.
> 'Uch!' arsa Marjorie, 'Uch! Uch!'
> Agus tá a fhios agat is dócha cad a tharla do mo luch.
>
> **Gabriel Rosenstock**

Gluais: groí = láidir.

(i) Cad is aois don luch?

(ii) Cé hí Marjorie?

(iii) Cad a chuala an cat?

Ceist 2 (2002)

(c) Léigh na véarsaí seo a leanas agus freagair na ceisteanna a ghabhann leo.
(15 mharc)

An tUlchabhán

1.
Is breá liom bheith amuigh
San oíche dhubh,
Ag fiach na bhfrancach is na luch
Atá le fáil go tiubh.

2.
Eitlím go ciúin, ciúin
Ó áit go háit,
Mo shúile móra buí mar thóirsí,
Mise an *ceann cait!

3.
Feicfidh mé thú oíche éigin
'S an ghealach lán,
Mo scáil sciathánach ag lorg bia,
Arsa an t-ulchabhán.

Máire Áine Nic Gearailt

Gluais: ulchabhán = ceann cait = éan, le ceann mór, a bhíonn amuigh san oíche.

(i) Cad iad na hainmhithe a bhíonn an t-ulchabhán ag fiach agus atá le fáil go tiubh?

(ii) Cén dath atá ar a shúile?

(iii) Cathain a fheicfidh an t-ulchabhán tú?

Ceist 2 (2001)

(c) Léigh na véarsaí seo a leanas agus freagair na ceisteanna a ghabhann leo.
(15 mharc)

Sa tSráid Inné

1.
Bhí fear ag rince ar leathchois
Amuigh sa tsráid inné,
Feairín is caipín ar a cheann,
Is dúidín ina bhéal.

2.
Níl a fhios agam an port nó ríl
Nó cornphíopa féin,
A bhí ar siúl aige sa tsráid,
I mbrothall an mheán lae.

3.
Bhí bean ag seinm ceoil sa tsráid
Ar shean-orgáinín béil,
A súile druidte aici faoin teas,
Ag éisteacht léi féin.

Muiris Ó Ríordáin

Gluais: dúidín = píopa
druidte = dúnta

(i) Cad a bhí i mbéal an fhir?

_____

(ii) Cén t-am den lá a bhí ann?

_____

(iii) Cad a bhí ar siúl ag an mbean faoin teas?

_____

Ceist 2 (2000)

(c) Leigh na véarsaí seo a leanas agus freagair na ceisteanna a ghabhann leo. (15 mharc)

Duilleoga ar An Life

Duilleoga ar snámh,
Donn, geal is nua,
Ar abhainn na Life
Ag seoladh le sruth.

Spréigh siad brat glas
Ar bharra na gcrann,
Ar fud cuibhreann is coillte,
I bhfad, i bhfad a shin ann.

Duilleoga ar snámh,
Lá ceoch fómhair,
Ag iompar na háilleachta
Trí shráideanna dobhair.

Séamas Ó Néill

Gluais: cuibhreann = páirc;
dobhair = dorcha.

(i) Cá bhfuil na duilleoga ar snámh?

_____

(ii) Cad a rinne na duilleoga ar bharra na gcrann?

_____

(iii) Cén séasúr atá ann?

_____

Ceist 2 (1999)

(c) Léigh na véarsaí seo a leanas agus freagair na ceisteanna a ghabhann leo.
(15 mharc)

An Samhradh

1.
Tá na scoileanna dúnta,
An fhuiseog sa spéir,
An feirmeoir gnóthach
Ag sábháil an fhéir

2.
Tá na leanaí ag súgradh
Cois coille is trá,
An ghrian gheal ag taitneamh
Ó mhaidin gach lá

3.
Cuairteoirí ag taisteal,
Ar muir's ar tír
Ag gluaiseacht le háthas
Soir agus siar.

(i) Cad atá ar siúl ag an bhfeirmeoir?

___

(ii) Cá bhfuil na leanaí ag súgradh?

___

(iii) Cé atá ag taisteal 'ar muir's ar tír'?

___

Ceist 2 (1998)

(c) Léigh na véarsaí seo a leanas agus freagair na ceisteanna a ghabhann leo.
(15 mharc)

'Cogar' arsa an Sionnach

1.
'Cogar' arsa an Sionnach,
Le lacha agus gé,
Tagaigí go dtí mo theach
Is fanaigí i gcomhair an tae.

2.
D'fhéach siad ar a chéile
Ar feadh nóiméad nó dhó
'Fanaimis' a deir an ghé
Thuas anseo sa chró.

3.
'Slán agat,' a deir an bheirt,
Ní rachaimid go deo,
B'fhearr linn fanacht ar an díon
Go slán sábháilte beo.

Daithí Ó Diollúin

(i) Cén cuireadh a thug an sionnach don ghé agus don lacha?

(ii) Cá raibh an lacha agus an ghé nuair a thug an sionnach an cuireadh dóibh?

(iii) Cén fáth nár ghlac an ghé agus an lacha le cuireadh an tsionnaigh?

Ceist 2 (1997)

(c) Léigh na véarsaí seo a leanas agus freagair na ceisteanna a ghabhann leo. (15 mharc)

An Blascaod Mór Anois

1.
D'imigh na daoine leo
Amach chun na míntíre.
Tá an Blascaod Mór ciúin anois,
Leis féin os cionn na taoide.

2.
Is cuimhin leis páistí beaga
Ag súgradh ar an trá,
Is naomhóga ag iascaireacht
Amuigh go domhain sa bhá.

3.
Daoine ag insint scéalta
Cois tine, mall san oíche,
Ceol á sheinm ar veidhlín,
Ní chloisfear arís é choíche.

Máire Áine Nic Gearailt

Gluais: An Blascaod Mór = oileán amach ó chósta Chiarraí; naomhóga = báid.

(i) Cár imigh na daoine ón mBlascaod Mór?

(ii) Cad a bhíodh ar siúl ag na páistí beaga?

(iii) Cad a bhíodh ar siúl cois tine san oíche?

Ceist 2 (1996)

(c) Léigh an **dán** seo a leanas agus freagair na ceisteanna a ghabhann leis. (15 mharc)

An Gadaí

1.
Amach i lár na hoíche,
Is sinne inár luí,
Bhí duine gránna éigin
Ag siúl ar fud an tí.

2.
D'fhéach gach rud ceart ar maidin,
Is sinne go léir ag ithe,
Nuair a d'fhéach mo Dheaid faoin teilifíseán
Ár bhfíseán nua imithe!

3
Deir Mam gur maith an rud é,
Ach ní aontaímid léi!
Imithe ag an ngadaí –
Nach mór an náire é.

Máire Áine Nic Gearailt

(i) Cá raibh an teaghlach i lár na hoíche?

(ii) Cad a ghoid an gadaí?

(iii) Cén duine sa teach atá sásta faoin scéal seo?

AONAD 5 LÉAMHTHUISCINT (SLEACHTA) – CEIST 3

Prose extracts are included in this part of the examination, and you will be expected to show that you understand the passages and that you can answer comprehension questions relating to them. As many of the passages deal with current affairs, you should prepare for this part of the exam by reading Irish-language magazines and papers.

There are two comprehension passages in this part of the examination. Both sections (*a* and *b*) should be attempted. Each section carries 30 *marks*. As in questions 1 and 2, all answers have to be written *on the examination paper*. It should be remembered that many of these passages are taken from magazines and papers. A picture is usually given, and the headline for the passage will also help you in dealing with the topic.

Difficult words or expressions may be explained in the *gluais* (glossary) that is sometimes included at the bottom of the passage.

How to do Question 3
1. You should underline the **key words** in the questions.
2. You should the go to the passage and match and underline the words in the passage that match the key question words. This is known as word matching. You should then write down the number for each question where you have underlined the matching word(s) in the passage.
3. The required and correct answers will be generally found in the vicinity of the matching words that you have underlined.
4. Remember that the questions and answers are nearly always in sequence in relation to the passage.
5. You should attempt to answer all questions as there are no marks given for blank spaces. Write down an answer of some kind, even if you have to make a guess. You just might be lucky and guess correctly.
6. Each of the questions in Ceist 3(*a*) and (*b*) carry equal marks, i.e. six marks each.
7. You should refer to the *focail cheisteacha* on page 3.

WHAT TO DO NEXT
1. Study the worked examples to see how they are done. You will notice that we have used the key-word matching system as outlined above.
3. You will find the answers to the questions in the answers section (p. 185).
4. You should attempt to do one piece every week.

CEIST 3 Worked Example (2005)

(a) Léigh an **sliocht** seo a leanas agus freagair na ceisteanna a ghabhann leis.
(30 marc)

MV DOULOS

Tógadh an long MV Doulos sa bhliain 1914. Mar sin tá sí aon bhliain is nócha d'aois i mbliana – dhá bhliain níos óige ná an Titanic. Ba long iompair í i dtosach ach is long phaisinéirí í le fada anois.

Tá criú de thrí chéad is fiche duine óg as cúig thír is daichead ar bord. Deirtear go bhfuil an siopa leabhar is mó ar long ar bith ar domhan ar an MV Doulos. Ón mbliain 1978 thug seacht milliún duine dhéag as ceithre thír is nócha cuairt uirthi.

Tá an criú sásta an obair a dhéanamh gan aon phá. Nuair a bhíonn siad i bport ar bith tugann siad cuairt ar áiteanna cosúil le príosúin, ospidéil agus scoileanna. Bíonn a lán imeachtaí ar siúl ar bord na loinge agus is féidir leis an bpobal dul chucu.

I Mí na Bealtaine anuraidh bhí an MV Doulos i bport Bhaile Átha Cliath. Bhí taispeántais ealaíne, margadh bia agus a lán rudaí eile le feiceáil ar bord. Chomh maith leis sin chuir criú an MV Doulos ceolchoirm ar siúl san RDS. Tugadh 20% den airgead a bailíodh ag an gceolchoirm do Focus Ireland a chabhraíonn le daoine gan dídean, is é sin, daoine nach bhfuil áit bhuan chónaithe acu.

Marcanna

(i) Cén sórt loinge í an MV Doulos anois?

Is long phaisinéirí í anois.

N.B. 'long phaisinéirí í anois' would get full marks.   6

(ii) Cé mhéad duine a thug cuairt ar an long ó 1978 i leith?

Thug seacht milliún duine dhéag cuairt uirthi.

'Seacht milliún duine dhéag' would also do.   6

(iii) Ainmnigh áit **amháin** a dtugann an criú cuairt uirthi nuair a bhíonn siad i bport ar bith.

Tugann said cuairt ar áiteanna cosúil le príosúin, ospidéil agus scoileanna.

'áiteanna cosúil le príosúin, ospidéil agus scoileanna' would also get full marks.   6

	Marcanna

(iv) Cathain a bhí an MV Doulos i mBaile Átha Cliath?

<u>Bhí an MV Doulas í mBaile Átha Cliath í Mí Bealtaine anuraidh.</u>
N.B. 'i Mí Bealtaine anuraidh' would get full marks also.   6

(v) Cé a fuair cuid den airgead a bailíodh ag an gceolchoirm san RDS?

<u>Focus a fuair cuid den airgead.</u> *N.B. 'Focus' would get full marks also.*   6

Ceist 3 Worked Example (2005)

(b) Léigh an **sliocht** seo a leanas agus freagair na ceisteanna a ghabhann leis. (30 marc)

Pierce Brosnan/007

Chaith Pierce Brosnan, a bhfuil aithne níos fearr air na laethanta seo mar 007 nó James Bond, a óige in Éirinn. Bhí sé ina chónaí lena sheanathair is a sheanmháthair go dtí go raibh sé aon bhliain déag d'aois. Ansin chuaigh sé chun cónaithe ar feadh tamaill lena mháthair a bhí ag obair mar bhanaltra i Sasana.

D'éirigh sé as an scoil nuair a bhí sé cúig bliana déag d'aois. Bhí sé ina iteoir tine ar feadh tréimhse! Rinne sé traenáil ansin mar aisteoir san Ionad Drámaíochta i Londain. Thosaigh sé ag obair ar chúl stáitse i dtosach agus ansin mar aisteoir i Londain.

I 1981 d'imigh sé go Meiriceá agus bhí an pháirt mar Remington Steele aige sa chlár teilifíse dar teideal Remington Steele. Thaitin an clár go mór leis an bpobal i dtosach agus bhí Pierce ina réalta. Ach tar éis trí nó ceithre bliana cuireadh deireadh leis toisc nach raibh go leor daoine ag féachaint air.

Ghlac Brosnan páirt ansin i gcúpla scannán – Nomads i 1986 agus The Fourth Protocol i 1987. Ach deich mbliana tar éis deiredh a chur leis an gclár Remington Steele fuair sé an ról mar 007 sa scannán Goldeneye. Thuill an scannán seo os cionn $350 milliún. Bhí sé ina réalta mhór anois gan dabht!

	Marcanna

(i) Cár chaith Pierce Brosnan a óige?

<u>Chaith sé a hóige in Éirinn.</u> *N.B. 'in Éirinn' would get the marks.*   6

(ii) Cén tslí bheatha a bhí ag a mháthair?

<u>Bhí sí ag obair mar bhanaltra.</u>   6

	Marcanna
(iii) Cá ndearna sé traenáil mar aisteoir?	
Rinne sé traenáil san Ionad Drámaíochta i Londain.	
Or 'san Ionad Drámaíochta i Londain'.	6
(iv) Cén fáth ar cuireadh deireadh leis an gclár *Remington Steele*?	
Cuireadh deireadh leis toisc nach raibh go leor daoine ag féachaint air.	
Or 'mar ní raibh go leor daoine ag féachaint air'.	6
(v) Cén scannán a rinne réalta mhór de?	
An scannán *Goldeneye*.	6

CEIST 3 (2004)

(a) Léigh an **sliocht** seo a leanas agus freagair na ceisteanna a ghabhann leis. **(30 marc)**

ARNOLD SCHWARZENEGGER

Duine an-suimiúil is ea Arnold Schwarzenegger. Cé go bhfuil sé an-saibhir anois, i dtús a shaoil bhí sé an-bhocht. Rugadh é i 1947 i mbaile Graz san Ostair. Bhí a mhuintir chomh bocht sin nach mbíodh bia maith folláin le n-ithe acu go minic.
Ba mhaith leis a bheith chomh láidir lena athair agus mar sin bhí suim aige i neart coirp ó bhí sé ina dhéagóir. Nuair a bhí sé san arm fuair sé bia maith agus chabhraigh sin go mór leis chun a neart a mhéadú go mór. Ag an am céanna lean sé ar aghaidh ag traenáil chun a chorp a dhéanamh níos láidre. Bhuaigh sé na comórtais *Mr Universe Junior* agus *Mr Olympia*.

D'éirigh leis páirt a fháil sa scannán *Pumping Iron*. Ghlac sé páirt ina lán scannán eile ina dhiaidh sin. Ach is é an scannán *The Terminator* a thuill clú is cáil dó agus a rinne réalta scannán mór de.

Is fear gnó an-mhaith é Arnold leis. Tá árais ghleacaíochta, siopaí, tithe agus bialanna aige. Tá an-chlú ar a bhialanna a bhfuil an t-ainm *Planet Hollywood* orthu. Tá ceann de na bialanna seo ar Fhaiche Stiofáin i mBaile Átha Cliath. Bhí sé i mBaile Átha Cliath ag na Cluichí Oilimpeacha Speisialta anuraidh.

Ach níor leor do Arnold a bheith ina réalta scannán agus ina fhear gnó mar is polaiteoir é anois agus toghadh é mar Ghobharnóir i gCalifornia.

(i) Cár rugadh Arnold?

(ii) Cá bhfuair sé bia maith i dtosach?

(iii) Cén scannán a rinne réalta scannán mór de?

(iv) Cén áit i mBaile Átha Cliath a bhfuil a bhialann *Planet Hollywood*?

(v) Cén post atá aige anois?

Ceist 3 (2004)

(b) Léigh an **sliocht** seo a leanas agus freagair na ceisteanna a ghabhann leis. (30 marc)

FUNGI — 20 BLIAIN AG PRAMSÁIL

Tá an deilf cháiliúil, Fungi, fiche bliain anois amuigh i mbéal Chuan an Daingin. Tagann na mílte cuairteoir go dtí an áit chun é a fheiceáil.

Tá cáil chomh mór sin ar Fungi anois go bhfuil leabhair scríofa faoi agus grianghraif agus físteipeanna de scaipthe ar fud an domhain.

Thug Pádraig Firtéar, coimeádaí teach solais i mbéal Chuan an Daingin, an deilf faoi deara i dtosach i 1983. Chonaic sé Fungi ag leanúint na mbád isteach ó bhéal an chuain.

De bharr na teagmhála a bhí ag daoine cosúil le Sheila Stokes agus Brian Holmes leis an ainmhí thosaigh sé ag cur spéise i ndaoine, go háirithe mná, agus ag éirí cairdiúil leo. Bhaist iascairí an Daingin "Fungi" air i ndiaidh duine de na hiascairí a raibh féasóg ag teacht air toisc nár bhearr sé é féin le seachtain roimhe sin.

Go minic léimeann sé amach as an uisce chomh hard leis an gcábán ar chuid de na báid. Tagann sé i ngiorracht do bheagnach gach bád a bhíonn ag seoladh isteach is amach as an gcuan.

Cúpla uair ceapadh go raibh Fungi imithe ach tháinig sé ar ais arís gach uair. Meánn sé timpeall 500 punt agus tá sé timpeall 13 throigh ar fad. Is minic a fheictear é ag breith ar éisc i mbéal an chuain.

Bunaithe ar alt as *Foinse*

(i) Cá bhfuil Fungi le fiche bliain?

(ii) Cathain a chonaic Pádraig Firtéar Fungi i dtosach?

(iii) Cad a bhí ar siúl ag Fungi nuair a chonaic Pádraig Firtéar é?

(iv) Scríobh síos rud amháin a dhéanann Fungi nuair a bhíonn bád in aice leis.

(v) Cad a itheann Fungi?

CEIST 3 (2003)

(a) Léigh an **sliocht** seo a leanas agus freagair na ceisteanna a ghabhann leis. (30 marc)

An Buachaill Ramhar Ramhar

Ní chasann sé giotár, ní chanann sé, ní féidir a rá go ndéanann sé ceirníní – ach is é an réaltóg pop is mó cáil é faoi láthair – is DJ é – ach ní gnáth DJ – ach Fatboy Slim!

Quentin Cooke an fíorainm atá air ach d'athraigh sé a ainm go Norman nuair a bhí sé óg mar bhíodh na buachaillí eile ar scoil ag magadh faoin ainm Quentin. Chuaigh Fatboy Slim ar choláiste i Hull agus chuir sé spéis mhór i gceol damhsa agus é sa choláiste. Ina dhiaidh sin bhí sé páirteach i ngrúpa giotáir, The Housemartins.

Bhí Fatboy breoite ar feadh tamaill agus ansin thosaigh sé ag pleidhcíocht le ceol agus ceirníní. Thosaigh na damhsóirí sna clubanna ag baint taitnimh as an meascadh ceoil a rinne sé agus ba ghearr go raibh a chuid ceirníní ar díol ar fud an domhain.

(i) Cén obair a dhéanann Fatboy Slim anois?

(ii) Cén fáth ar athraigh sé a ainm?

(iii) Ainmnigh an sórt ceoil a raibh spéis aige ann agus é sa choláiste.

(iv) Cé a bhain taitneamh as an meascadh ceoil a rinne sé?

(v) Cá bhfuil a chuid ceirníní ar díol?

Ceist 3 (2003)

(b) Léigh an **sliocht** seo a leanas agus freagair na ceisteanna a ghabhann leis. (30 marc)

JENNIFER, A CHAIRDE

Jennifer Aanistonapoulos an fíorainm atá uirthi, ach is fearr aithne uirthi mar Jennifer Aniston, nó, más fearr leat, Rachel ó *Friends*. Rugadh í i Sherman Oaks, California, 11ú Feabhra, 1969 ach chaith sí tamall dá hóige sa Ghréig. Thosaigh Jennifer ag aisteoireacht nuair a bhí sí naoi mbliana d'aois i gclub aisteoireachta Rudolf Steiner i Nua-Eabhrac.

Rinne an tsraith *Friends* réaltóga thar oíche de Jennifer agus a comhaisteoirí. Sa bhliain 2000 d'éirigh léi tuarastal $750,000 a bhaint amach di féin in aghaidh gach eipeasóid de *Friends*. Fuair sí páirteanna ina lán scannán chomh maith.

Nuair nach mbíonn sí ag aisteoireacht is maith léi roinnt péintéireachta a dhéanamh. Bhí sí chomh maith sin gur cuireadh pictiúr dá cuid ar taispeáint i ngailearaí an Mhet i Nua-Eabhrac nuair a bhí sí aon bhliain déag d'aois.

Ar an 29 Iúil 2000 phós sí Brad Pitt i Malibu, California.

(i) Cár rugadh Jennifer?

(ii) Cén aois a bhí aici nuair a thosaigh sí ag aisteoireacht?

(iii) Cé mhéad airgid a fhaigheann sí ar gach eipeasóid de *Friends*?

(iv) Cár cuireadh pictiúr dá cuid ar taispeáint?

_____

(v) Cé a phós sí?

_____

CEIST 3 (2002)

(a) Léigh an **sliocht** seo a leanas agus freagair na ceisteanna a ghabhann leis. (30 marc)

PAUL PRITCHARD – DREAPADÓIR DEN SCOTH

Dreapadóir iontach ab ea Paul Pritchard. Rugadh é sa Bhreatain Bheag. Bhí clú is cáil air mar dhreap sé na sléibhte is airde agus is dainséaraí ar fud an domhain. Scríobh sé cuntas ar a chuid dreapadóireachta sa leabhar **Deep Play**. Bhí sé ar mhuin na muice.

Ach is ansin a bhí an mí-ádh air. Bhí sé ag dreapadh suas an **Totem Pole** nuair a tharla timpiste dó. Cloch ard is ea an **Totem Pole** atá ag gobadh amach as an bhfarraige in aice le cósta Tasmania. Thit cloch, a bhí chomh mór le teilifíseán, anuas ar a cheann. Fuair sé taom croí agus fágadh a thaobh clé ar fad gan anam.

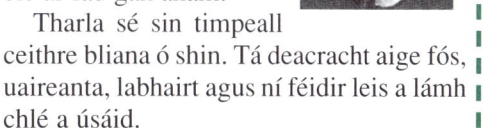

Tharla sé sin timpeall ceithre bliana ó shin. Tá deacracht aige fós, uaireanta, labhairt agus ní féidir leis a lámh chlé a úsáid.

Nuair a bhí sé san ospidéal mhol na dochtúirí dó tosnú ag scríobh mar go ndéanfadh sé maitheas dó.

Thosaigh sé ag scríobh dialainne. Tá an dara leabhar dá chuid, **Totem Pole**, bunaithe ar an dialann seo. Foilsíodh an leabhar an bhliain seo caite.

Chuaigh sé timpeall na tíre ar feadh cúpla seachtain ag caint faoi gach rud a tharla dó.

Thug sé an t-airgead, a rinne sé as na cainteanna so, do **Headway** a chabhraíonn le daoine a ghortaítear sa cheann.

(i) Cén fáth a raibh clú is cáil ar Paul Pritchard?

_____

(ii) Cén timpiste a tharla dó nuair a bhí sé ag dreapadh an **Totem Pole**?

_____

(iii) Luaigh deacracht <u>amháin</u> atá aige fós?

_____

(iv) Cén t-ainm atá ar an dara leabhar a scríobh sé?

(v) Cad a dhéanann an grúpa **Headway**?

Ceist 3 (2002)

(b) Léigh an **sliocht** seo a leanas agus freagair na ceisteanna a ghabhann leis. (30 marc)

HELEN KELLER

Rugadh Helen Keller ar an 27 Meitheamh 1881. I Mí Feabhra 1882 d'éirigh sí tinn. Ar deireadh d'imigh an fiabhras agus an phian ach níor tháinig biseach uirthi. Bhí sí bodhar agus dall agus nuair nach raibh sí ábalta aon rud a chloisteáil stop sí de bheith ag caint.

Lá amháin chuala máthair Helen faoi bhean darbh ainm Laura Bridgeman. Cosúil le Helen bhí an bhean seo bodhar agus dall. Ach bhí sí in ann labhairt lena lámha le daoine eile mar d'fhoghlaim sí aibítir láimhe in Institiúid na nDall i mBoston.

Scríobh máthair Helen chuig an Institiúid láithreach. Ar an 3 Márta 1887 tháinig múinteoir darbh ainm Áine Ní Shúilleabháin go teach Helen.

Rinne na páistí san Institiúid bábóg mar bhronntanas do Helen. Nuair a thug Áine an bhábóg do Helen scríobh sí an focal B-Á-B-Ó-G ar a láimh. Láithreach scríobh Helen an focal céanna ar láimh Áine. Cé nach ndearna Helen an focal a cheangal den bhábóg bhí an múinteoir sásta mar bhí a fhios aici go raibh Helen cliste.

Lá amháin chuaigh an bheirt acu amach ag siúl. Bhí caidéal uisce sa chlós. Chuir Áine lámh Helen faoin uisce. Ar an láimh eile scríobh sí an focal U-I-S-C-E. Bhí a fhios ag Helen ansin go raibh ainm ar gach rud.

Ón lá sin amach bhí Helen ábalta labhairt le daoine eile trí úsáid a bhaint as an aibítir láimhe. Bhí doirse an tsaoil oscailte roimpi faoi dheireadh.

(i) Cén fáth ar stop Helen Keller de bheith ag caint?

(ii) Conas a bhí Helen agus Laura Bridgeman cosúil lena chéile?

(iii) Cé a rinne an bhábóg do Helen?

(iv) Cad a rinne Áine Ní Shúilleabháin nuair a thug sí an bhábóg do Helen?

(v) Conas a bhí Helen Keller ábalta labhairt le daoine ón lá sin amach?

CEIST 3 (2001)

(a) Léigh an **sliocht** seo a leanas agus freagair na ceisteanna a ghabhann leis. (30 marc)

AN MHÁTHAIR TERESA

Rugadh an Mháthair Teresa ar 26 Lúnasa 1910 i Skopje agus tugadh an t-ainm Agnes Bojaxhiu uirthi. Shocraigh sí gur mhaith léi a bheith ina bean rialta agus í dhá bhliain déag d'aois. Chuir sí suim san India nuair a chuala sí faoi obair na nIosánach ann.

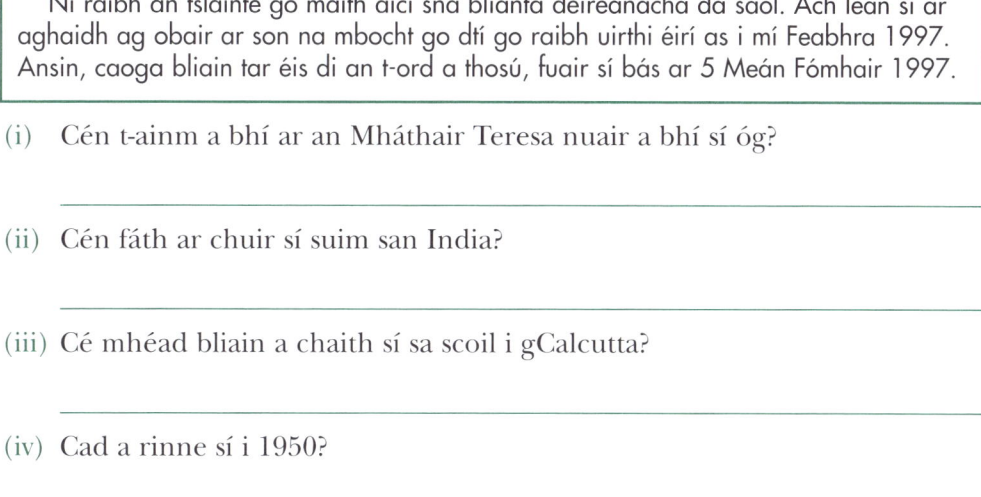

Sa bhliain 1928 chuaigh sí go dtí Clochar Loreto i Ráth Fearnáin i mBaile Átha Cliath ar feadh dhá mhí chun Béarla a fhoghlaim.

Chaith sí seacht mbliana déag i scoil i gCalcutta mar mhúinteoir tíreolaíochta agus ansin mar phríomhoide. Sa bhliain 1948 tugadh cead di an clochar a fhágáil chun dul ag obair i measc na mbocht i gCalcutta.

Thosaigh sí ord nua de mhná rialta sa bhliain 1950. Tá an t-ord ag obair ar fud na hIndia agus i níos mó ná céad tír anois.

Sa bhliain 1971 bhronn an Pápa Pól VI Duais Síochána uirthi agus i 1979 fuair sí duais síochána eile, Duais Nobel.

Ní raibh an tsláinte go maith aici sna blianta deireanacha dá saol. Ach lean sí ar aghaidh ag obair ar son na mbocht go dtí go raibh uirthi éirí as i mí Feabhra 1997. Ansin, caoga bliain tar éis di an t-ord a thosú, fuair sí bás ar 5 Meán Fómhair 1997.

(i) Cén t-ainm a bhí ar an Mháthair Teresa nuair a bhí sí óg?

(ii) Cén fáth ar chuir sí suim san India?

(iii) Cé mhéad bliain a chaith sí sa scoil i gCalcutta?

(iv) Cad a rinne sí i 1950?

(v) Cén duais a bhuaigh sí i 1979?

CEIST 3 (2001)

(b) Léigh an **sliocht** seo a leanas agus freagair na ceisteanna a ghabhann leis. (30 marc)

SONIA — Ó, SUNTASACH!

Nuair a chuaigh Sonia O'Sullivan chuig a club áitiúil lúthchleasaíochta den chéad uair bhí sí dhá bhliain déag d'aois. Ach bhí níos mó suime aici sna cóisirí agus dioscónna a bhí ar siúl go rialta sa chlubtheach ná sa lúthchleasaíocht.

Thosaigh sí ag rith mar sin féin agus thug an traenálaí Seán Kennedy faoi deara í. D'aithin sé an tallann agus scil a bhí aici agus thosaigh sé á traenáil.

Bhuaigh Sonia scoláireacht chuig ollscoil mhór spóirt sna Stáit Aontaithe — Villanova, áit a ndeachaigh na reathaithe Eamonn Coughlan agus Ronnie Delaney roimpi. Ní raibh Sonia ach seacht mbliana déag d'aois nuair a d'fhág sí slán ag a tuismitheoirí agus ag a deirfiúr chun dul go Meiriceá.

O shin, tá an dá lá feicthe ag Sonia. An bhliain iontach sin 1995 nuair a bhuaigh sí an rás 5000m in Gothenburg, agus 1996 in Atlanta nuair a d'fhág sí an rás agus í ag gol. Gan trácht ar Bhudapest nuair a thug sí léi dhá bhonn óir — don 5000m agus don 10,000m, ná Marakesh mar ar bhuaigh sí Craobh an Domhain sa rás trastíre. Agus cé a dhéanfaidh dearmad ar an mbonn airgid a bhuaigh sí sa rás 5000m an bhliain seo caite i Sydney?

Ach níl Sonia críochnaithe fós. Tá sí ag smaoineamh cheana féin ar na Cluichí Oilimpeacha i 2004!

(i) Cad iad na rudaí is mó a raibh suim ag Sonia iontu nuair a bhí sí óg?

(ii) Cén fáth ar thosaigh Seán Kennedy ar Sonia a thraenáil?

(iii) Cén aois a bhí Sonia nuair a d'fhág sí slán ag a muintir?

(iv) Cad a tharla in Atlanta?

(v Cad a bhuaigh sí i Sydney?

CEIST 3 (2000)

(a) Léigh an **sliocht** seo a leanas agus freagair na ceisteanna a ghabhann leis. (30 marc)

BUANNA B*WITCHED

B*witched – Edel, Keavy, Lindsay agus Sinead – nach iad na girseacha is gleoite ar domhan iad? Rugadh na cailíní ar fad in Éirinn, ach amháin Lindsay a tháinig ar an saol sa Ghréig. D'aistrigh a teaghlach go dtí an tír seo agus í an-óg.

Is de mhuintir an-cheolmhar iad Edel agus Keavy. Bhí a seanathair ina veidhleadóir, agus ar ndóigh tá a ndeartháir Shane ina bhall den ghrúpa Boyzone.

Conas a tháinig an grúpa le chéile? Lá breá gréine chlis carr Shinéid in aice le garáiste i mBaile Átha Cliath, cé a bheadh ag obair sa gharáiste mar mheicneoir páirtaimseartha ach Keavy! Ba ghearr go raibh an bheirt chailín ina ndlúthchairde. Chuir Lindsay aithne ar Keavy sa chlub spóirt ina raibh an bheirt acu páirteach. Ansin thosaigh an ceathrar ar lá i ndiaidh lae a chaitheamh in árasán Shinéid ag cleachtadh a gcuid amhrán.

Conas atá ag éirí leo ó shin? Is iad an chéad ghrúpa Éireannach riamh iad a ndeachaigh a gcéad cheithre shingil go dtí uimhir a haon sna cairteacha Briotanacha. Tá trí mhilliún cóip díolta dá gcéad albam B*witched, agus tá an dara halbam uathu ag díol thar barr.

Agus rud eile, tá B*witched 'mór i Meiriceá'. Sin rud nach féidir le Boyzone a rá!

(i) Cad as do Lindsay?

(ii) Conas atá a fhios againn gur de mhuintir an-cheolmhar iad Edel agus Keavy?

(iii) Cén post a bhí ag Keavy?

(iv) Conas a bhuail Keavy le Lindsay?

(v) Cén difríocht idir B*witched agus Boyzone a luaitear sa sliocht?

CEIST 3 (2000)

(a) Léigh an **sliocht** seo a leanas agus freagair na ceisteanna a ghabhann leis.
(30 marc)

ROBBIE RÁBACH

Cé a dhéanfaidh dearmad ar an gcúl clasaiceach a scóráil Robbie Keane in aghaidh Mhálta i mBóthar Lansdowne mí Dheireadh Fómhair 1998? Válsáil an Cathánach óg thar bheirt chosantóirí sular chuir sé an liathróid isteach sa líon go healaíonta.

Cúl stairiúil a bhí ann freisin, mar ba é an t-imreoir ab óige é a fuair cúl ar son na hÉireann ó scóráil Johnny Giles in aghaidh na Sualainne sa bhliain 1958.

Rugadh Robbie Keane i mBaile Átha Cliath ar an ochtú lá d'Iúil 1980. Ní raibh sé ach seacht mbliana déag nuair a d'fhág sé a sheanchlub amaitéarach Crumlin United chun dul ag imirt le Wolverhampton Wanderers. Rinne sé an-imprisean ar lucht sacair thall ón gcéad lá.

Rinne sé imprisean ar Gordon Strachan, bainisteoir Coventry City, freisin. Cheannaigh Strachan an tÉireannach tallannach ar shé mhilliún punt! Ar ndóigh, d'aisíoc Robbie é gan mhoill. Scóráil sé dhá chúl i gcoinne Derby County agus cúl i gcoinne Sunderland.

Agus is cinnte go bhfuil meas ag Mick McCarthy ar Robbie chomh maith. Tá áit sheasta tugtha ag Mick dó ar fhoireann na hÉireann. Bhain sé a chéad chaipín amach in aghaidh na Seicslóvaice trí bliana ó shin.

Gura fada buan é!

(i) Cén gaisce a rinne Robbie Keane i 1998?

(ii) Cén rud stairiúil a bhain le Johnny Giles i 1958?

(iii) Cad a rinne Robbie Keane nuair a bhí sé seacht mbliana déag?

(iv) Cén chaoi ar aisíoc sé Gordon Strachan gan mhoill?

(v) Cén chaoi ar léirigh Mick McCarthy an meas atá aige ar Robbie Keane?

CEIST 3 (1999)

(a) Léigh an **sliocht** seo a leanas agus freagair na ceisteanna a ghabhann leis. (30 marc)

TITANIC FEICTHE AICI NAOI N-UAIRE IS FICHE!

Tá cailín i Leitir Ceanainn chomh mór sin i ngrá le réalta an scannáin, 'Titanic', go bhfuil an scannán feicthe aici naoi n-uaire is fiche ó tosaíodh á thaispeáint i bpictiúrlann ar an mbaile, roinnt seachtainí ó shin.

Sé bliana déag atá Donna Ní Dhuibheánaigh agus deir sí go dtaitníonn Leonardo De Caprio go mór léi. Sin é an fáth a dtéann sí go dtí an phictiúrlann chomh minic sin i láthair na huaire. Dúirt sí lena máthair le déanaí nach raibh aon bhronntanas uaithi dá lá breithe; gurbh fhearr léi an t-airgead chun dul agus an 'Titanic' a fheiceáil uair amháin eile.

Téann Donna go dtí an phictiúrlann uair an chloig, ar a laghad, sula dtosaíonn an scannán chun go mbeadh suíochán maith aici.

Cuireann an scannán isteach go mór uirthi agus gach uair a fheiceann sí é téann sí abhaile agus í ag caoineadh.

Tá aithne mhaith, um an dtaca seo, ag úinéirí na pictiúrlainne ar Dhonna agus cuireann siad cóir faoi leith uirthi nuair a thagann sí chun 'Titanic' a fheiceáil. Chomh maith leis sin thaispeáin siad di an tslí a gcuirtear an pictiúr ar an scáileán.

Tá cuid mhór pictiúr bailithe ag Donna anois a bhaineann leis an scannán seo agus tá an caiséad ceoil faighte aici chomh maith.

(i) Cad as do Donna?

(ii) Cén aois í Donna?

(iii) Cé mhéad uair atá an scannán feicthe ag Donna go dtí seo?

(iv) Cén fáth a mbíonn sí ag caoineadh?

(v) Cén fáth a dtéann sí chun an scannán a fheiceáil chomh minic sin?

CEIST 3 (1999)

(b) Léigh an **sliocht** seo a leanas agus freagair na ceisteanna a ghabhann leis. (30 marc)

Marc Scanlon – A Lá Mór

'Seo é an lá is fearr i mo shaol,' arsa Marc Scanlon an lá a bhuaigh sé an bonn óir i gCraobh Shóisear an Domhain sa rothaíocht i Valcenburg san Ísealtír. Ba é an lá sin, an lá ar léirigh sé gurbh é an rothaí sóisearach is fearr ar domhan é. Ba é sin a lá breithe freisin. Bhí sé ocht mbliana déag d'aois an lá sin. Nárbh iontach an bronntanas a fuair sé?

Ina dhiaidh sin agus é ag cur síos ar an éacht a rinne sé, dúirt Marc gur thosaigh sé ag screadaíl le ríméad nuair a thrasnaigh sé an líne ag deireadh an ráis.

'Bhí mé ag screadaíl i dtosach,' a dúirt sé, 'ach ansin nuair a thuig mé go raibh an chraobh fuaite agam tháinig saghas eagla orm.'

Is ó Shligeach Marc agus tá sé ag rothaíocht ó bhí sé an-óg. Nuair a bhí sé timpeall cúig bliana déag d'aois d'éirigh sé as a bheith ag imirt peile agus sacair chun díriú ar an rothaíocht. Cheannaigh a athair rothar maith rásaíochta dó.

Bhí sé soiléir go mbeadh Marc in rothaí den scoth lá éigin.

Thosaigh sé ag traenáil le Club rothaíochta Shligigh. Ansin ghlac sé páirt i gcomórtais in Oileán Mhanainn agus an bhliain ina dhiaidh sin ghlac sé páirt i gCraobh an Domhain.

Tá súil ag Marc a bheith ina rothaí gairmiúil agus a bheith ar fhoireann mhór Eorpach éigin cosúil leis an dá laoch is mó atá aige, Stephen Roche agus Seán Kelly.

Go n-éirí an t-ádh leis.

(i) Cén aois a bhí Marc an lá a bhuaigh sé Craobh an Domhain?

(ii) Luaigh dhá chluiche a d'imir sé nuair a bhí sé óg.

(iii) Cad a rinne Marc nuair a thrasnaigh sé an líne ag deireadh anráis?

(iv) Cad leis a bhfuil Marc ag súil?

Aonad 6   Scríobh na Teanga

Preparation
There are three questions to be answered in this part of the examination. There is a choice in each question. All the questions in this section should be answered in your answer book.

Leagan amach

Ceist 1:	*Cárta poist* (a postcard) *nó nóta* (a note) 25 marc
Ceist 2:	*Litir* (any one of two) 40 marc
Ceist 3:	(a) *Alt gairid* (any one of three or four). (b) *Cuntas a scríobh* (a story based on four pictures) 45 marc

You are strongly advised to be particularly careful in your use of the *tenses of verbs* in this section and to note what tenses questions are written in. Many marks are lost through carelessness in the use of verbs,

Nathanna Úsáideacha 'Your Treasure Chest'
We include here a small number of *nathanna úsáideacha* (useful phrases that can be used for the **carta poist**, **litir**, **alt gairid** and **cuntas a scríobh**.

Students should learn approximately **5 *nath* every week** for a few weeks until a **treasure chest** of **words/phrases/expressions** has been built up. These **nathanna cainte** are designed to improve your vocabulary and add to your **saibhreas** (richness of Irish).

Strategy
- Learn 5 *nath* each week.
- Give yourself a *weekly test* and a *monthly test* to see how well you have learned and can remember the nathanna.
- Use whatever *nathanna* you have learned in your class work and when doing your homework.
- You will find your standard of Irish will improve rapidly,
- You will also find that your standard of spoken Irish will improve beyond recognition.

Na Nathanna

Seachtain 1
- Táim ag ceapadh – I think
- Déarfainn – I'd say
- Sílim – I think
- Creidim – I believe
- Measaim – I think

Seachtain 2
- Ar an gcéad dul síos – first of all
- Ar aon nós – anyway
- Pé scéal é – in any case
- Dála an scéil – by the way
- Ar nós na gaoithe – quickly, like the wind

Seachtain 3
- Bhuel – well
- Is fíor sin – that's true
- Níl bréag ar bith ansin – there's no lie in that
- Chun an fhírinne a insint/a rá – to tell the truth
- Níl a fhios agam ó thalamh an domhain – I have no idea whatsoever

Seachtain 4
- Dar m'anam – upon my soul
- Go háirithe – especially
- Dáiríre – really
- Creid é nó ná creid – believe it or not
- Go deo na ndeor – for ever and ever

Seachtain 5
- Is breá liom – I like
- Is aoibhinn liom – I really like
- Tá mé craiceáilte faoi – I'm crazy about
- Is fuath liom – I hate
- Is gráin liom – I detest

Seachtain 6
- Lá breá brothallach – a fine warm day
- Bhí an ghrian ag spalpadh anuas – the sun was beaming down
- Bhí sé ag stealladh báistí – it was pouring rain
- Oíche sheaca a bhí ann – it was a frosty night
- Ní raibh oiread agus puth gaoithe ag séideadh – there wasn't a breath of wind blowing

Seachtain 7
- Mar a dúirt mé cheana – as I said before
- Cuir i gcás – for example
- Go sábhála Dia muid – God save us
- Le cúnamh Dé – with the help of God
- Buíochas le Dia – thanks be to God

Seachtain 8
- Sa lá atá inniu ann – nowadays
- Faoi láthair – at present
- I láthair na huaire – at present
- Na laethanta seo – nowadays
- Le déanaí – lately

Seachtain 9
- Amach anseo – in the future
- Sa todhchaí – in (the) future
- Ar ball, ar ball beag – in a while
- Gan ró-mhoill – without much delay
- San am atá le teacht – in the future

Seachtain 10
- Chomh maith leis sin – as well as that
- Go mór mór – especially
- Ar nós – such as, for example
- Ag an am céanna – at the same time
- I dtús báire – first of all

WHAT TO DO NEXT

Now that you have learned the **nathanna cainte** or at least **some of them** you should **practise using them**. I have often found, when using this method in class, that students are great at learning the **nathanna úsáideacha but** they often forget **to use them** when they are actually writing a composition. This is because they get so caught up and involved in the content of the composition that they often forget all about the **nathanna (saibhreas)**. To solve this problem I get students to do **Obair Gharbh** or rough work before doing their compositions because when students see these **words/phrases written up in front of them as OBAIR GHARBH** then they will **definitely use most of them**.

CÁRTA POIST

As stated previously, you should make good use of the **nathanna úsáideacha** – your Treasure Chest of useful phrases and expressions – when preparing for and answering the **'cárta poist'** question, and use as many of them as you can remember and where suitable. The vocabulary on **pages 3–11** should also be of benefit when answering this question. We would also ask you to give particular attention to the **special irregular verb feature** (p. 191).

Now

1. Study the **worked examples** that follow these instructions and learn the **technique** for answering this question.
2. Then answer the **cárta poist** questions that follow the **worked examples**.
3. You should answer one **'cárta poist'** question every week/two weeks.

Cárta Poist Worked Example (2005)

(a) Tá tú ar thuras le do chlub óige áit éigin in Éirinn. Scríobh **cárta poist** chuig do chara.

Luaigh na pointí seo a leanas ar an gcárta:
- an t-am a shroich tú an áit
- rud amháin a rinne tú a thaitin leat
- an aimsir
- cá bhfuil tú ag fanacht
- cathain a fhillfidh tú

Scríobh an freagra sa bhosca anseo thíos.

Radharc na Trá,
Cathair na Gaillimhe
25 Lúnasa

A Sheáin, a chara,

    Conas atá tú? Táim ag baint an-taitnimh go deo as an turas. Shroich mé an áit seo ag a deich a chlog inné. Tá an aimsir go hiontach ar fad, buíochas le Dia. Chuamar go dtí an linn snámha ar maidin agus thaitin sé go mór liom. Táimid ag fanacht in Óstán na Mara agus tá sé ar fheabhas. Fillfidh mé abhaile arú amárach agus feicfidh mé thú ansin le cúnamh Dé.

    Slán go fóill
    Cathal

Seán Óg Ó Laoire,
Bóthar na Farraige,
Droichead Átha,
Contae Lú.

Cárta Poist Worked Example (2004)

(a) Tá tú ar thuras scoile i dtír éigin eile. Scríobh cárta poist chuig do dheirfiúr. Luaigh na pointí seo a leanas ar an gcárta:
- an turas ar an eitleán
- rud faoin áit a thaitníonn leat
- an aimsir
- bronntanas a cheannaigh tú di
- cén lá a fhillfidh tú

Scríobh an freagra sa bhosca anseo thíos.

Londain

14 Iúil

A Áine, a dheirfiúr dhil,

    Beatha agus sláinte. Bhuel, tá mé anseo i Londain agus tá an aimsir go hálainn. Bhí an turas ar an eitleán ceart go leor. Táimid i dteach ósta sa chathair agus taitníonn sé go mór liom. Chomh maith leis sin taitníonn Túr London liom. Tá sé ar fheabhas. Cheannaigh mé bronntanas álainn duit, téip nua le The Prodigy. Fillfidh mé abhaile chuig An Uaimh Dé hAoine.

    Slán tamall,

    Cathal

Áine Ní Néill,
Baile Róibín,
An Uaimh,
Contae na Mí

Cárta Poist Worked Example (2003)

(a) Tá tú ag freastal ar choláiste Gaeilge le do chara. Scríobh cárta poist chuig do dheartháir.
Luaigh na pointí seo a leanas ar an gcárta:
- an t-am a shroich sibh an coláiste
- rud éigin faoi na ranganna
- an aimsir
- cén caitheamh aimsire atá agaibh ar an gcúrsa
- cathain a fheicfidh tú den chéad uair eile é

Scríobh an freagra sa bhosca anseo thíos.

Ráth Cairn,

Contae na Mí

13 Meitheamh

A Liam, a dheartháir dhil,

Dia duit. Tá mé féin agus Pól Mág Uidhir ag freastal ar choláiste Gaeilge anseo i Ráth Cairn agus tá an aimsir lofa. Shroicheamar an coláiste ag a trí a chlog Dé hAoine. Ní thaitníonn na ranganna linn mar tá siad ró-dhian. Tá caitheamh aimsire éagsúla againn ar nós cispheil, peil ghaelach agus sacar. Feicfidh mé thú arís ag deireadh na míosa, buíochas le Dia.

Slán go fóill,

Tomás

Liam Ó Máille,

8 Sráid na Croise,

Cathair na Mart,

Contae Mhaigh Eo.

lofa: rotten

Cárta Poist Worked Example (2002)

(a) Tá tú ar thuras le do chara in áit éigin in Éirinn. Scríobh cárta poist chuig do thuismitheoirí.
Luaigh na pointí seo a leanas ar an gcárta:
- an turas go dtí an áit sin
- rud éigin a rinne sibh
- an aimsir
- duine suimiúil a bhuail libh
- cathain a fhillfidh tú abhaile

Scríobh an freagra sa bhosca anseo thíos.

An Eachléim,	
Béal a' Mhuirthead	
15 Lúnasa	
A thuismitheoirí,	Caitlín agus Seoirse Mac
Beatha agus sláinte. Conas tá sibh?	Craith,
Thángamar go dtí Béal a' Mhuirthead ar an	Ard na Gréine,
mbus agus bhí an turas go deas. Tá an aimsir go	Cill Barra,
hálainn san áit seo. Chuamar chuig an tobar	Droichead Nua.
naofa ar maidin agus thaitin sé go mór linn.	
Bhuail mé féin agus mo chara, Lúc, le Nollaig Ó	
Conaire, Coimisinéir an Gharda Síochána, san	
Eachléim agus is duine fíor-dheas é. Beidh mise	
agus Lúc ag filleadh abhaile arú amárach, le	
cúnamh Dé.	
Slán tamall,	
Conchúr	

Scríobh na Teanga

Cárta Poist (2001)

[**N.B. Ní mór na freagraí ar na ceisteanna sa Roinn seo a scríobh sa fhreagarleabhar a fuair tú ón bhFeitheoir.**]

(a) Tá tú ar saoire sa Spáinn (nó i dtír eile). Scríobh **cárta poist** chuig cara leat. Luaigh na pointí seo a leanas ar an gcárta:
- cé atá in éineacht leat
- cá bhfuil sibh ag fanacht
- an aimsir
- rud éigin suimiúil a rinne sibh
- cén uair a fhillfidh tú abhaile.

Scríobh an freagra sa bhosca anseo thíos.

Cárta Poist (2000)

[**N.B. Ní mór na freagraí ar na ceisteanna sa Roinn seo a scríobh sa fhreagarleabhar a fuair tú ón bhFeitheoir.**]

(a) Tá tú ag fanacht i dteach d'aintín. Scríobh **cárta poist** chuig do thuismitheoirí.
Luaigh na pointí seo a leanas:
- an aimsir
- an chabhair a thugann tú do d'aintín
- cara nua ar bhuail tú leis (léi)
- bronntanas a cheannaigh tú do do thuismitheoirí
- cathain a bheidh tú ag filleadh abhaile.

Scríobh an freagra sa bhosca anseo thíos.

Scríobh na Teanga

Cárta Poist (1998)

[**N.B. Ní mór na freagraí ar na ceisteanna sa Roinn seo a scríobh sa fhreagarleabhar a fuair tú ón bhFeitheoir.**]

(a) Tá tú ag freastal ar Choláiste Samhraidh sa Ghaeltacht. Scríobh **cárta poist** chuig cara leat atá sa bhaile.
Luaigh na pointí seo a leanas ar an gcárta:
- an teach ina bhfuil tú ag fanacht
- an ceantar ina bhfuil an coláiste suite
- daltaí eile atá ag freastal ar an gcoláiste
- an aimsir
- an caitheamh aimsire agus an spraoi a bhíonn agat

Scríobh an freagra sa bhosca anseo thíos.

Cárta Poist (1997)

[**N.B. Ní mór na freagraí ar na ceisteanna sa Roinn seo a scríobh sa fhreagarleabhar a fuair tú ón bhFeitheoir.**]

(a) Tá tú ar thuras scoile i gcathair éigin in Éirinn (Corcaigh, **nó** Gaillimh, **nó** Baile Átha Cliath, b'fhéidir. Scríobh **cárta poist** chuig cara leat atá sa bhaile. Luaigh na pointí seo a leanas ar an gcárta:
- an turas go dtí an chathair sin
- an áit ina bhfuil sibh ag fanacht
- an aimsir
- cluiche a bhí agaibh le scoil eile
- cén uair a fheicfidh tú do chara arís.

Scríobh an freagra sa bhosca anseo thíos.

Scríobh na Teanga

Cárta Poist

(a) Tá tú ar laethanta saoire le do thuismitheoirí faoin tuath. Scríobh *cárta poist* chuig do cara.
Luaigh na pointí seo a leanas:
- an áit ina bhfuil sibh ag fanacht
- an aimsir
- rud éigin greannmhar a tharla duit
- na radhairc atá le feiceáil san áit
- cathain a bheas tú ag filleadh abhaile.

Scríobh an freagra sa bhosca anseo thíos.

Cárta Poist

(a) Tá tusa agus do rang scoile ar thuras sa Fhrainc. Scríobh **cárta poist** chuig do thuismitheoirí.
Luaigh na pointí seo a leanas:
- an turas go dtí an Fhrainc
- na radhairc ansin
- an bia
- rud éigin a cheannaigh tú
- cathain a bheas tú ag filleadh abhaile.

Scríobh an freagra sa bhosca anseo thíos.

AN NÓTA

As you know, there is a choice in *Ceist 1* between doing a *cárta poist* and a *nóta* (note). There are 25 marks for the *cárta poist* and the same for the *nóta*.

HOW TO DO THIS QUESTION

Four drawings are given on the exam paper. In addition, four or five pieces of information are given underneath the pictures. You are asked to write a *nóta gairid* (short note) based on the pictures and on the four or five pieces of information.

Your note should be laid out carefully and tidily, and you should write short sentences, paying particular attention also to the correct tense.

- Make sure you write about all the points mentioned in the question.
- Put the date and time at the top of the note.
- If the note is to someone you know well – for example father or mother, brother or sister – you need not include an address and need only sign the note with your first name.
- If the note is to someone you don't know personally, you should include your address and your full name.
- It is very important to answer in the correct tense.
- Notes will usually be about *an answer to an invitation, looking for an appointment, making an excuse about something,* or *giving an explanation* (for example if you had to take someone to hospital, or you've gone to the shop).

VOCABULARY

You should pay particular attention to the **Nathanna Úsáideacha** – your 'Treasure Chest' of useful phrases (p. 137–8) – when preparing to answer the **nóta question** and use as many of these as you can. You should also focus on the **special irregular verb** feature (p. 191). The vocabulary on **pages 3–11** should also be of benefit in answering this question.

WHAT TO DO NEXT

1. Study the worked examples that follow these instructions and learn the technique for answering this question.
2. Now do the 'nótaí samplacha' that follow the worked examples.
3. You should answer one '**nóta**' question every couple of weeks.

Nóta Worked Example (2005)

(b) (25 marc)

Is tusa Aoife sna pictiúir thuas. Tá tú ag caint le Colm. Tá sé ag dul chuig dioscó. Tá tusa ag dul leis. Ba mhaith leat a rá le do thuismitheoirí go bhfuil tú ag dul ach ní féidir leat teacht orthu ar an bhfón.

Fágann tú nóta ar an mbord ag rá:
- cé leis a bhfuil tú ag dul chuig an dioscó
- cá bhfuil an dioscó
- an fáth nach raibh tú ábalta teacht orthu ar an bhfón
- cén t-am a bheidh an dioscó thart
- conas a thiocfaidh tú abhaile

Scríobh an nóta sa bhosca anseo thíos.

Nóta

9 a chlog, Dé hAoine

A Dhaid is a Mhamaí

Dia daoibh. Ní raibh mé ábalta teacht oraibh ar an bhfón, mar tá an fón briste. Tá mé féin agus Colm ag dul chuig an dioscó anocht. Tá an dioscó ar siúl sa 'Vibe' in Óstán Radharc na Farraige. Beidh an dioscó thart ag leathuair tar éis a dó dhéag agus tiocfaidh mé abhaile ar bhus Liam Ó Laoire.

Caithfidh mé brostú anois.

Slán tamaill
Aoife

Nóta Worked Example (2004)

(b) (25 marc)

Is tusa Máire sna pictiúir thuas. Tá tú ag caint leis an múinteoir sa seomra ranga. Tá gach duine eile imithe. Feiceann tú fón póca do charad Aoife.

Fágann tú nóta ag a teach ag rá:
- cá bhfuair tú an fón
- an fáth nár fhág tú an fón ag an teach
- cá bhfuil tú féin ag dul anocht
- cén t-am is féidir leat bualadh léi
- cathain a thabharfaidh tú an fón di mura bhfuil sí ábalta bualadh leat anocht.

Scríobh an nóta sa bhosca anseo thíos.

Nóta

4 a chlog, Dé Máirt

A Aoife,

Cén chaoi a bhfuil tú? Fuair mé do fón póca ar an urlár sa seomra ranga um thráthnóna. Rinne mé iarracht an fón a chur isteach trí bhosca na litreacha ach níor éirigh liom. Dála an scéil tá mise ag dul chuig an lárionad siopadóireachta anocht agus is féidir liom bualadh leat ansin. Pé scéal é, mura mbíonn tú ag an lárionad siopadóireachta tabharfaidh mé an fón duit ar scoil maidin amárach.

Slán go fóill,
Máire

Nóta Worked Example (2003)

(b) (25 marc)

Is tusa Liam sna pictiúir thuas. Tá tú i do scoil féin. Léann tú an fógra i dtaobh an bhanna cheoil. Ba mhaith leat dul go dtí na trialacha le do chara, Deirdre. Níl aon fhreagra nuair a chuireann tú glao teileafóin uirthi.

Fágann tú nóta ag a teach ag rá:
- cén fáth nár labhair tú léi ar an teileafón
- cathain a léigh tú an fógra
- cad a bhí ar an bhfógra
- cá mbeidh tú anocht má theastaíonn uaithi labhairt leat
- cathain is féidir léi glao teileafóin a chur ort.

Scríobh an nóta sa bhosca anseo thíos.

Nóta

3 a chlog, Dé Céadaoin

Haigh, a Dheirdre,

Ní bhfuair mé freagra ar bith uait nuair a chur mé glao teileafóin ort. Léigh mé fógra ar scoil inné i dtaobh an bhanna cheoil. Ar aon nós dúirt an fógra go mbeidh trialacha ceoil do bhanna ceoil na scoile ag 4 p.m. Dé hAoine agus 10 a.m. Dé Sathairn. Beidh mé i dteach m'aintín Áine anocht má theastaíonn uait labhairt liom. Is féidir leat glao a chur orm san áit sin tar éis a hocht a chlog, más mian leat.

Slán tamaill
Liam

Scríobh na Teanga

Nóta Worked Example (2002)

(b) (25 marc)

Is tusa Áine sna pictiúir thuas. Tá tú ag do theach féin. Tá tú ag ullmhú an dinnéir ach níl tú ábalta é a chríochnú.

Fágann tú nóta do do mháthair ag rá:
- cá bhfuil tú ag dul
- cén fáth a bhfuil ort dul ann
- cad a cheannóidh tú
- cén t-am a bheidh tú ar ais
- cén t-am a bheidh an dinnéar réidh.

Scríobh an nóta sa bhosca anseo thíos.

Nóta

6 a chlog

A Mhamaí

Táim ag dul chuig siopa an bhúistéara mar níl aon feoil again. Ceannóidh mé stéig mhairteola sa siopa. Beidh mé ar ais anseo timpeall is a cúig a chlog, le cúnamh Dé. Pé scéal é, beidh an dinnéar réidh ag a seacht a chlog.

Slán go fóill.
Áine

N.B. Dála an scéil, an féidir leat canna cóc a thabhairt abhaile chugam, le do thoil?

Nóta (2001)

(b) (25 marc)

Is tusa Seán sna pictiúir thuas. Tá tú ag do theach féin. Níl éinne ann chun tú a ligean isteach. Fágann tú nóta ag do theach ag rá le do thuismitheoirí:

- cén fáth nach bhfuil tú sa bhaile
- cá bhfuil tú ag dul
- cad a dhéanfaidh tú i dteach Liam
- cathain a thiocfaidh tú abhaile
- cén chaoi a dtiocfaidh tú abhaile.

Scríobh an nóta sa bhosca.

Nóta (2000)

(b) (25 marc)

Is tusa an duine atá sna pictiúir thuas. Ba mhaith leat dul chuig an seó faisin le do chara Máire. Cuireann tú **nóta** sa phost chuici á rá:

- cathain a bheidh an seó faisin ar siúl agus cén áit
- cén fáth nár chuir tú glao teileafóin uirthi
- gur mhaith leat go rachadh sí leat
- cén chaoi a rachaidh sibh ann
- cad a dhéanfaidh sibh nuair a bheidh sé thart.

Scríobh an nóta sa bhosca.

Scríobh na Teanga

Nóta (1999)

(b) (25 marc)

Bhí tú féin agus do chara Liam chun dul ar turas go Brú na Bóinne. Bhí an fliú ar do Mham an lá sin, agus bhí ort fanacht sa bhaile chun aire a thabhairt di. Rinne tú iarracht glao teileafóin a chur ar Liam ach bhí an teileafón briste. Chuaigh tú go dtí a theach ach ní raibh sé istigh. Scríobh tú nóta chuige.

Sa nóta:
- gabhann tú leithscéal le Liam
- míníonn tú an fáth nach féidir leat dul leis go Brú na Bóinne
- míníonn tú an fáth nár labhair tú leis ar an teileafón
- molann tú socruithe nua do thuras eile amach anseo.

Scríobh an nóta sa bhosca.

Nóta (1998)

(b) (25 marc)

Is tusa an duine óg atá sna pictiúir thuas. Thug tú do rothar ar iasacht do do chara Liam. Nuair a fuair tú ar ais é bhí roth amháin lúbtha. Chuir tú glao teileafóin air ach ní raibh freagra. Chuir tú **nóta** chuige agus deir tú

- conas a bhraith tú nuair a chonaic tú an roth lúbtha
- gur inis tú an scéal do do mháthair
- cad a dúirt do mháthair
- gur chuir tú glao teileafóin ar Liam
- an costas a bheidh ar roth nua.

Scríobh an nóta sa bhosca.

Nóta (1997)

(b) (25 marc)

Is tusa an duine óg atá sna pictiúir thuas. Téann tú chuig teach do charad, Gearóid (nó Mairéad), ach ní fheiceann tú do chara. Fágann tú **nóta** ag teach do charad ag rá

- cad a bheidh ar siúl (cén áit, cén t-am, cén cead isteach)
- cad a tharla nuair a chuaigh tú chuig teach do charad
- gur mhaith leat go rachadh do chara ann leat
- cén chaoi a rachaidh sibh ann
- cén chaoi a dtiocfaidh sibh abhaile.

Scríobh an nóta sa bhosca.

Nóta Ceist 1

(b) (25 marc)

Is tusa an duine óg atá sna pictiúir thuas. Ní bheidh tú ábalta dul chuig an lá spóirt. Cuireann tú nóta chuig Máire ag rá

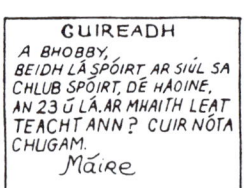

- go raibh tú sásta (nó míshásta) nuair a fuair tú an cuireadh
- gur mhaith leat dul ann i dtosach
- cad a tharla nuair a labhair tú le d'athair
- cén áit a mbeidh tú Dé hAoine agus cén fáth a mbeidh tú ansin
- cén uair a bheas tú ar ais ar scoil.

Scríobh an nóta sa bhosca.

AN LITIR

Tá dhá shaghas litreach ann (there are two types of letter):
- *An litir phearsanta* (the personal letter). This is by far the more common type of letter that comes up in the Junior Cert exam.
- *An litir fhoirmiúil* (the formal letter). This letter type occurs far less frequently in the Junior Cert exam.

There are two letters to choose from: *Ceist 2 (a)* and *2 (b)*. Letter *2 (b)* is a letter about a picture.

Leagan Amach (Layout)

It is worth noting the instructions the Department of Education gives about how to write the letter: *Bíodh leagan amach cuí ar do litir, .i. seoladh, dáta, beannú, agus críoch oiriúnach.* (Your letter should have a suitable layout, i.e. address, date, greeting, and appropriate ending.)

Seoladh (Address)

The address should be clearly written at the top right-hand corner of the page. It should not be your own address.

Some sample addresses

Bóthar Bhaile Átha Cliath An Uaimh Co. na Mí	Cearnóg an Aonaigh Tulach Mhór Co. Uíbh Fhailí
Sráid Phádraig Corcaigh	Páirc Mhuire Leitir Ceanainn Co. Dhún na nGall

An Dáta (the Date)

The day (if you wish to include it) should be written in words, e.g., *Dé Luain*.
The date of the month should be written in numerals, e.g. 10.
The month should be written in words, e.g. *Meitheamh*.
The year should be written in numerals, e.g. 2006.

Sample dates
Dé Luain 12 Meitheamh 2006
21 Samhain 2006

An Beannú (the Greeting)
Litir phearsanta
A Mháire, a chara
A Phádraig, a chara dhil
A thuismitheoirí ionúine

Críoch na litreach (The close)
Litir phearsanta
Do chara
Do chara dílis
Mise d'iníon dhílis
Slán go fóill

Litir fhoirmiúil
Mise le meas

What to do Next
You should make good and frequent use of the **nathanna úsáideacha – your Treasure Chest** of useful phrases and expressions (p. 137–8) – when preparing for and when writing letters. The vocabulary on **pages 3–11** should also be of benefit. You should also pay particular attention to the **special irregular verb feature** (p. 191). Some additional phrases for letter-writing are given below.

Nathanna úsáideacha don litir
Cén chaoi a bhfuil an saol agat? (How's life?)

Go raibh míle maith agat as an gcuireadh (Thank you very much for the invitation)

Tá súil agam go bhfuil tú féin agus do mhuintir i mbarr na sláinte (I hope you and your family are in the best of health)

Abair le Máire go raibh mé ag cur a tuairisce (Tell Máire I was asking for her)

Go n-éirí an t-ádh leat/Go n-éirí leat (Good luck)

Scríobh ar ais chugam gan mórán moille (Write back to me without delay)

Slán agus beannacht (Goodbye and God bless you)

Slán go fóill (Goodbye for now)

Scríobh na Teanga

LEAGAN AMACH NA LITREACH (LAYOUT OF THE LETTER)
Is é seo gnáthleagan amach na litreach:

```
                                    1. [do sheoladh] _____


                                    2. [an dáta] _____

3. [beannacht]___
    4. [tús na litreach] _____
    _____
    5. [croí na litreach] _____
    _____
    _____
    _____
    6. [críoch na litreach] _____
    _____

            7. [d'ainm] _____
```

Now
1. Study the **worked examples** that follow these instructions and learn the techniques for answering this question.
2. Then answer the **litir questions** that follow the **worked examples**.
3. You should answer one **litir question** every week/two weeks.

Litir CEIST 2 Worked Example (2005)

(40 marc)
[N.B. Bíodh leagan amach cuí ar do litir, i.e. seoladh, dáta, beannú, agus críoch oiriúnach.]

(a) Níl do chara ina c(h)ónaí in aice leat anois. Ba mhaith leat socrú a dhéanamh leis/léi chun dul ar laethanta saoire le chéile.
Scríobh litir chuige/chuici. Sa litir luaigh na pointí seo:
  - cén uair is féidir leat féin dul ar saoire
  - cúpla rud ba mhaith leat féin a dhéanamh ar na laethanta saoire
  - cathain ba mhaith leat a fháil amach an féidir leis/léi dul
  - cén t-am is féidir leis/léi glao teileafóin a chur ort

Scríobh an litir sa bhosca.

Litir

Bóthar Bhaile Átha Cliath,
An Uaimh,
Contae na Mí

Dé Máirt, 8 Lúnasa 2006

A Lúc, a chara dhil,

Dia duit. Conas atá tú? Tá mise ceart go leor, buíochas le Dia. Táim ag scríobh an litir seo chugat mar gheall ar na laethanta saoire. Ar mhaith leat dul chuig Corcaigh liom?

Beidh me féin agus mo dheirfiúr nua, Bláithín, ag dul go hEochaill tar éis an scrúdú, le cúnamh Dé. Ba bhreá liom dul ag snámh agus dul chuig an dioscó chuile oíche. Tá mé craiceáilte faoi na dioscónna.

Pé scéal é, an féidir leat insint dom roimh am lóin Dé hAoine cad atá ar intinn agat. Is féidir leat glao teileafóin a chur orm idir a seacht is a hocht a chlog tráthnóna ar bith.

Déarfainn go mbeidh an craic go hiontach in Eochaill. Ar aon nós cuir glao orm gan ró-mhoill.

Slán tamaill,
Mise do chara go deo,
Conchúr.

P.S. Seo m'uimhir fón póca nua – 084-32198767

Litir Worked Example (2004)

(40 marc)
[N.B. Bíodh leagan amach cuí ar do litir, i.e. seoladh, dáta, beannú, agus críoch oiriúnach.]

(a) Tá tú ar saoire le do chairde áit éigin in Éirinn. Níl go leor airgid agat. Scríobh litir abhaile chuig do
- thuismitheoirí ag lorg níos mó airgid ar iasacht.
- Sa litir luaigh na pointí seo:
- méid airgid atá fágtha agat
- cúpla rud a chosain a lán airgid
- cathain ba mhaith leat an t-airgead a fháil
- conas a thabharfaidh tú an t-airgead ar ais

Scríobh an litir sa bhosca.

LITIR

23 Sráid Phádraig,
Luimneach
Dé Céadaoin, 7 Iúil 2006

A thuismitheoirí ionúine,

Beatha agus sláinte. Cén chaoi a bhfuil sibh? Tá mise ceart go leor, buíochas le Dia. Tá mé féin agus mo chara Liam anseo in ósta na hóige agus chun an fhírinne a insint níl mórán airgid fágtha agam.

Fuair mé geansaí Celtic nua a chosain seasca euro agus chomh maith leis sin chuamar chuig ceolchoirm na White Eyed Peas agus chosain sé caoga euro an duine.

Pé scéal é, má sheolann tú dhá chéad euro chugam trí Western Union beidh mé fíor-bhuíoch daoibh. Tabharfaidh mé an t-airgead ar ais gan ró-mhoill nuair a bheidh mo phost nua agam.

Caithfidh mé deireadh a chur leis an litir seo anois. Abair le gach éinne go raibh mé ag cur a dtuairisce.

Slán go fóill,
Mise bhur mac ceanúil,
Cathal.

Litir CEIST 2 Worked Example (2003)

(40 marc)
[N.B. Bíodh leagan amach cuí ar do litir, i.e. seoladh, dáta, beannú, agus críoch oiriúnach.]

(a) Tá cara leat ina c(h)ónaí i Sasana le cúig bliana. Níor bhuail tú leis/léi ó d'fhág sé/sí Éire.
Scríobh litir chuige/chuici. Sa litir luaigh na pointí seo.
- cathain a bheidh tú ag dul ar saoire go Sasana
- an lá agus an t-am a bheidh tú ábalta bualadh leis/léi
- cad ba mhaith leat a dhéanamh le chéile
- cad a dhéanfaidh sibh nuair a thiocfaidh sé/sí ar cuairt chugatsa

Scríobh an litir sa bhosca.

Litir

Bóthar na Mara,
Droichead Átha,
Contae Lú
Déardaoin, 5 Meitheamh, 2006

A Chaitríona, a chara,

Beatha agus sláinte. Cén chaoi a bhfuil tú ar chor ar bith? Ní fhaca mé le fada an lá thú. Bhuel, a Chaitríona, beidh mé ag dul ar saoire go Sasana, ag deireadh na míosa, le cúnamh Dé.

Chun an fhírinne a insint is aoibhinn liom Sasana. Feicfidh mé thú ag aerfort Stansted ag leathuair tar éis a deich ar Dé Máirt, 23 Meitheamh, más féidir leat bualadh liom ansin. Pé scéal é, ba bhreá liom dul go Túr Londan leat. Chuala mé go bhfuil sé ar fheabhas.

Dála an scéil tá plean iontach agam dúinn nuair a thiocfaidh tú ar cuairt go Droichead Átha. Creid é nó ná creid, tá ticéid agam do Na Fugees. Ní bréag ar bith a rá go mbeidh said ar fheabhas.

Bhuel, caithfidh mé deireadh a chur leis an litir seo anois. Scríobh ar ais chugam gan ró-mhoill.
Slán go fóill,
Do chara,
Siobhán

Litir CEIST 2 Worked Example (2002)

(40 marc)
[N.B. Bíodh leagan amach cuí ar do litir, i.e. seoladh, dáta, beannú, agus críoch oiriúnach.]

(a) Tá d'aintín ar saoire. Tá tú ag tabhairt aire dá madra. Tarlaíonn timpiste don mhadra.
Scríobh litir chuici. Sa litir luaigh na pointí seo.
- cathain a tharla an timpiste
- cén chaoi ar tharla sé
- cad a rinne tú
- conas atá an madra anois

Scríobh an litir sa bhosca.

LITIR

6 Ard na Gréine,
Béal a' Mhuirthead,
Contae Mhaigh Eo.
23 Deireadh Fómhair 2006.

A Aintín Clíona

Dia duit. Cén chaoi a bhfuil tú? Bhuel, a Aintín, is trua liom a rá go bhfuil drochscéal agam duit. Tharla timpiste do do mhadra 'Jack', arú inné. Bhuel bhíomar ag dul go dtí an siopa nuair a bhuail rothar é.

Ní bréag ar bith a rá go raibh mé i gcruachás. Ar aon nós ní raibh sé gortaithe go ró-dhona. Chuir mé bindealán ar a chos agus tá sé ceart go leor anois, buíochas le Dia. Bíonn sé ag bacadaíl leis ach chun an fhírinne a insint táim ag ceapadh go mbeidh sé thar barr ar ball beag.

Tá súil agam nach mbeidh tú ar buile liom. Gabhaim mo bhuíochas leat as 'Jack' a fhágáil faoi mo chúram.

Slán go fóill,
Mise do neacht ceanúil,
Síle

---

ag bacadaíl: limping

Litir CEIST 2 (2001)

Freagair (a) nó (b) anseo. (40 marc)
[N.B. Bíodh leagan amach cuí ar do litir, i.e. seoladh, dáta, beannú, agus críoch oiriúnach.]

(a) Cheannaigh d'athair rothar nua duit. Ní raibh sé agat ach seachtain amháin nuair a goideadh é.
Scríobh **litir** chuig do dheartháir mór atá ina chónaí i dtír eile. Sa litir luaigh na pointí seo:
- cathain a fuair tú an rothar
- cá raibh an rothar nuair a goideadh é
- cá bhfuair na gardaí an rothar
- an damáiste a bhí déanta don rothar

NÓ

(b) Chuaigh tú go dtí ceolchoirm le cara. Scríobh **litir** chuig do dheartháir mór atá ina chónaí i dtír eile ag insint dó:
- conas a fuair sibh na ticéid
- conas a bhuail sibh le duine den ghrúpa
- cén sórt duine é
- rud éigin a cheannaigh sibh ag an gceolchoirm

Scríobh an litir.

Litir CEIST 2 (2000)

Freagair (a) nó (b) anseo. (40 marc)
[N.B. Bíodh leagan amach cuí ar do litir, i.e. seoladh, dáta, beannú, agus críoch oiriúnach.]

(a) Tá tú ar saoire le do Chlub Óige i mBaile Átha Cliath (**nó** i gcathair eile in Éirinn). Tá sibh ag fanacht in óstán i lár na cathrach.
Scríobh **litir** chuig cara leat atá sa bhaile agus luaigh na pointí seo a leanas:
- mar a thaitníonn an t-óstán agus an chathair leat
- an spórt a bhíonn agaibh gach lá agus gach oíche
- cuairt a thug sibh ar chlub óige eile
- rud brónach a tharla.

NÓ

(b) Bhuaigh foireann do scoile ceann **amháin** de na comórtais sna pictiúir thuas. Bhí tusa ar an bhfoireann.
Scríobh **litir** chuig cara leat ag insint dó(di)
- faoin gcomórtas
- faoin mbua a bhí agaibh
- faoin bhfoireann eile
- faoin duais a fuair sibh.

Litir CEIST 2 (1999)

Freagair (a) nó (b) anseo. (40 marc)
[N.B. Bíodh leagan amach cuí ar do litir, i.e. seoladh, dáta, beannú, agus críoch oiriúnach.]

(a) Tá piscín álainn agat ach ní thabharfaidh do Mham cead duit é a choimeád. Cloiseann tú go bhfuil cara leat ag lorg piscín. Scríobh **litir** chuig do chara ag iarraidh air/uirthi do phiscín a thógáil.
Sa litir luaigh:
- go bhfuil an piscín agat
- an chaoi a bhfuair tú féin an piscine
- an fáth nach bhfuil do Mham sásta leis
- cúpla rud faoin sórt piscín atá ann
- an bia agus an deoch a thaitníonn leis.

NÓ

(b) Tá post samhraidh agat i siopa éadaigh d'aintín i mBéal Feirste. Scríobh litir abhaile chuig do Mham/Dhaid ag insint di/dó.
- faoin gcineál oibre atá ar siúl agat sa siopa
- faoi na custaiméirí
- faoi áiteanna suimiúla ar thug sibh cuairt orthu
- faoi dhuine cáiliúil a tháinig go dtí an siopa
- faoi chara nua atá agat

Litir CEIST 2 (1998)

Freagair (a) nó (b) anseo. (40 marc)
[N.B. Bíodh leagan amach cuí ar do litir, i.e. seoladh, dáta, beannú, agus críoch oiriúnach.]

(a) Fuair tú post samhraidh in ollmhargadh. Tá tú ag obair ann anois le cúpla seachtain.
Scríobh **litir** chuig cara leat i Sasana agus luaigh na pointí seo a leanas sa litir:
- conas a fuair tú an post
- an t-am a thosaíonn tú ar obair agus a chríochnaíonn tú gach lá
- an sórt oibre atá ar siúl agat san ollmhargadh
- an pá atá agat.

Scríobh na Teanga

NÓ

(b) Tá cara pinn agat i bPáras. Tá tú ar saoire leis/léi ar feadh seachtaine. Scríobh **litir** abhaile chuig do thuismitheoirí ag insint dóibh:
- faoin turas ó Éirinn go Páras
- faoi do chara pinn agus an teaghlach a bhfuil tú ag fanacht leo
- faoin gceantar i bPáras ina bhfuil teach cónaithe do chara pinn
- faoi roinnt de na rudaí a rinne tú ó bhain tú Páras amach.

AN tALT (Ceist 3)

You are required to answer (*a*) or (*b*) in this part of the exam.

How to do this question

You must write a paragraph of about *fifteen lines* on any one of four topics, most of which will require that you answer in the *aimsir láithreach* (present tense).

If you choose to do (*b*) rather than (*a*) you will be required to write an account based on four pictures. You should attempt to write three or four lines for each picture – but be sure that you write at least fifteen lines (approx. 90–100 words).

Note that the story may be written in the *aimsir chaite* (past tense), which most pupils find the easiest tense to write in.

Note also that the account is a *dialann* or diary-type question: in other words, you may write it as if you are making an entry in your diary, and you may pretend that you are one of the characters mentioned in the question. The topics covered are similar to those in (*a*) above.

COMMON TOPICS
- Your home and district
- Your family
- Your friends
- Your pastimes
- Sport
- Music
- Illness
- Family celebrations, or a typical day in your home
- Your school

VOCABULARY FOR THE 'ALT GAIRID' AND 'CUNTAS'
Home and district
amuigh faoin tuath (in the country)
ciúin (quiet)
álainn (beautiful)
m'áit dhúchais (my native place)
baile (home, home place)
baile fearainn (townland)
contae (county)
baile mór (town)
sráidbhaile (village)
bruachbhaile (suburb)
club óige (youth club)
pictiúrlann (cinema)
eastát (estate)
seomra suí (sitting-room)
halla (hall)
seomra bia (dining-room)
seomra folctha (bathroom)
leithreas (toilet)
ag glanadh (cleaning)
thuas staighre (upstairs)
thíos staighre (downstairs)
fuinneog (window)

Your family and friends
mo thuismitheoirí (my parents)
mo dheirfiúr (my sister)
mo dheartháir (my brother)
mo leasdeirfiúr (my stepsister)
mo leasdeartháir (my stepbrother)
mo sheanathair (my grandfather)
mo sheanmháthair (my grandmother)
m'uncail (my uncle)
m'aintín (my aunt)
mo chara (my friend)
mo chairde (my friends)
na comharsana (the neighbours)
óg (young)
níos óige (younger)
is óige (youngest)
sean (old)
níos sine (older)
is sine (oldest)

Pastimes, sport, and music
(See also page 8)
cláir cheoil (music programmes)
cláir Ghaeilge (programmes in Irish)
cláir spóirt (sports programmes)
cláir ghrinn (comedy programmes)
pop-cheol (pop music)
rock-cheol (rock music)
ceol tíre/ceol gaelach/ceol traidisiúnta (folk/Irish/traditional music)
is fuath liom (I hate)
is breá liom (I like)
ag rince/ag damhsa (dancing)
ag léamh (reading)
ag iomáint (playing hurling)
club peile (football club)
is ball mé (I am a member)

Illness
ag brath go dona (feeling bad)
i ndroch-chaoi (in a bad way)
ag casachtach (coughing)
teocht ard (a high temperature)
an fliú (the flu)
an-tinn go deo/go dona tinn (very ill indeed, seriously ill)
an bhruitíneach (the measles)

deoch the (a hot drink)
lárionad sláinte (health centre)
leigheas (cure)
instealladh (injection)
oideas dochtúra (a prescription)
tháinig biseach orm (I got better)
altra (a nurse)

Family celebrations
mo lá breithe (my birthday)
cóisir (a party)

School and school facilities
(See page 7–8)

Place-names, days, months, time
(See pages 6 and 9–10)

How to do question 3(b)
- You may write the picture story in the past tense.
- The names of a boy and a girl will *always* be mentioned in the picture story, so you must be one of these for the purposes of this question.
- You should write your story *as if you are making an entry in your own diary.*

WHAT TO DO NEXT
As stated previously for the **Cárta Poist**, **Nóta** and **Litir** questions you should pay particular attention to the **Nathanna Úsáideacha** – your **Treasure Chest** of useful phrases (pages 168–70) – when preparing for and answering the **Alt** question and use as many of these as you can. You should also focus your attention on the **special irregular verb feature** (p. 191) as this should be of great benefit.

AND NOW
1. Study the worked examples that follow these instructions and learn the technique for answering the Alt question.
2. Then do the sample *alt* questions that follow the worked examples.
3. You should answer one *alt* question every week or two.

Scríobh na Teanga

Alt Gairid CEIST 3 – Worked Example (2005)

(45 marc)
Freagair (a) **nó** (b) anseo.

(a) **Alt** gairid (**15 líne nó mar sin**) a scríobh ar **cheann amháin** de na hábhair seo:
   (i) An deireadh seachtaine seo caite
   (ii) Lá i dteach m'aintín
   (iii) An caitheamh aimsire is fearr liom
   (iv) An lá a ghoid gadaí an fón póca uaim.

NÓ

(b) Is iad Nuala agus Séamas na daoine óga atá sna pictiúir thuas. Scríobh síos an cuntas is dóigh leat a bheadh ag Nuala ina dialann (nó ag Séamas ina dhialann) ar na himeachtaí atá léirithe thuas.

[Is leor 15 líne nó mar sin i do fhreagra.]

CEIST 3(A) SAMPLA 1 SCRÚDÚ 2005
(i) An deireadh seachtaine seo caite

> Chuaigh mé féin agus mo chara Liam go Baile Átha Cliath an deireadh seachtaine seo caite, agus bhí lá iontach again. Ar an gcéad dul síos fuaireamar bus ón gcearnóg, ins An Uaimh, ar leathuair tar éis a deich. Ar aon nós nuair a shroicheamar Baile Átha Cliath chuamar isteach i siopa éadaigh agus fuair mise geansaí ar 35 euro. Cheannaigh Liam péire bróg ar 60 euro. Pé scéal é, bhí ocras orainn, agus díreach ina dhiaidh sin bhí béile breá againn. Chuamar abhaile ar a hocht a chlog. Dála an scéil chuamar go dtí an dioscó sa Solar an oíche sin agus bhí sé ar fheabhas. Thaitin an deireadh seachtaine sin go mór liom.

HOW TO DO QUESTION 3(B)
- You may write the picture story in the past tense.
- The names of a boy and a girl will always be mentioned in the picture story, so you must be one of these for the purposes of this question.
- You should write the story *as if you are making an entry in your own diary*.

CEIST 3(B) (FREAGRA)

> Chuaigh mé féin agus Nuala ar saoire rothaíochta leis an Club Rothaíochta ón 8 - 11 Lúnasa. Fuaireamar gach eolas ó rúnaí an chlub Sean Ó Mathúna. Pé scéal é, bhí an turas ar fheabhas. Bhí cóisir faoin aer againn agus thaitin sé go mór liom. Chomh maith leis sin chuamar ag snámh sa loch agus bhí an craic go hiontach. Ina dhiaidh sin chuamar go dtí an láthair champála agus bhí go leor daoine eile ann. Bhí dioscó ar siúl ann an oíche sin agus chuaigh mise agus Nuala go dtí an dioscó sin. Bhí an craic go hiontach agus thaitin sé go mór linn. Bhain mé fíor-thaitneamh go deo (great pleasure) as an saoire rothaíochta a bhí agam le mo chara Nuala.

Alt Gairid CEIST 3 – Worked Example (2004)

(45 marc)
Freagair (a) **nó** (b) anseo.

(a) **Alt** gairid (**15 líne nó mar sin**) a scríobh ar **cheann amháin** de na hábhair seo:
   (i)   Breithlá mo Dhaid
   (ii) An clár teilifíse is fearr liom
   (iii) Rothar nua a cheannaigh mé
   (iv) Teach mo charad

NÓ

(b) Is iad Nuala agus Séamas na daoine óga atá sna pictiúir thuas. Scríobh síos an cuntas is dóigh leat a bheadh ag Nuala in dialann (nó ag Séamas ina dhialann) ar na himeachtaí atá léirithe thuas.
[**Is leor 15 líne nó mar sin i do fhreagra.**]

Ceist 3(a) Freagra
(ii) **An clár teilifíse is fearr liom.**

> Ar an gcéad dul síos caithfidh mé a rá go dtaitníonn an teilifís liom, go mór mór cláracha a mbíonn greann iontu. Is aoibhinn liom The Simpsons ach tá mé craiceáilte faoi Killinascully. Táim ag ceapadh go bhfuil sé ar fheabhas. Creidim go bhfuil Pat Shortt fíor-ghreannmhar ar fad, go háirithe nuair a bhíonn sé gléasta mar bhean. Chomh maith leis sin is breá liom an pháirt a ghlacann Páraic Breathnach i gKillinascully. Tá Páraic go hiontach. Ach is é an chuid is greannmhaire den scéal ná Pat Shortt sa bheár agus é ag gearán faoi chúrsaí an tsaoil.

go háirithe: especially

Ceist 3(b) Freagra

> Bhuel, táim tar éis deireadh seachtaine den chéad scoth a chaitheamh i nGaeltacht Dhún na nGall, le mo chara, Séamas. Fuaireamar bus ón scoil ar a naoi a chlog Dé hAoine, agus bhíomar ar ais sa scoil ar a cúig a chlog Dé Domhnaigh. Dála an scéil chosain sé 60 euro. Ar aon nós bhí snámh againn ar a trí a chlog Dé hAoine agus bhí céilí ar siúl an oíche chéanna. Bhí ranganna ón a deich go dtí a leathuair tar éis a dó dhéag Dé Sathairn. Bhí imeachtaí éagsúla ar an trá go dtí a trí a chlog agus bhí ceol agus díospóireacht ina dhiaidh sin go dtí na hocht a chlog Dé Sathairn. Pé scéal é, fuaireamar an bus abhaile ar a deich a chlog, Dé Domhnaigh. Stopamar ag bialann ar a haon a chlog, ar an bhealach abhaile, agus mar a dúirt mé cheana bhíomar ar ais sa scoil ar a cúig a chlog Dé Domhnaigh.

Alt Gairid CEIST 3 Cuntas (2003)

(45 marc)

Freagair (a) **nó** (b) anseo.

(a) **Alt** gairid (**15 líne nó mar sin**) a scríobh ar **cheann amháin** de na hábhair seo:
  (i) An caitheamh aimsire is fearr liom.
  (ii) Lá a chaith mé ag iascaireacht **nó** ag rothaíocht.
  (iii) Lá ag siopadóireacht le mo mháthair.
  (iv) An peata atá againn sa bhaile.

NÓ

(b) Is iad Liam agus Síle na daoine óga atá sna pictiúir thuas. Scríobh síos an **cuntas** is dóigh leat a bheadh ag Síle in dialann (nó ag Liam ina dhialann) ar na himeachtaí atá léirithe thuas.

[Is leor 15 líne nó mar sin i do fhreagra.]

Alt Gairid CEIST 3 Cuntas (2002)

(45 marc)
Freagair (a) **nó** (b) anseo.

(a) **Alt** gairid (**15 líne nó mar sin**) a scríobh ar **cheann amháin** de na hábhair seo:
  (i)   Lá fliuch sa bhaile.
  (ii) An samhradh seo caite.
  (iii) Rud deas a tharla dom.
  (iv) An uair a bhris gadaí isteach inár dteach.

NÓ

(b) Is iad Liam agus Síle na daoine óga atá sna pictiúir thuas. Scríobh an **cuntas** is dóigh leat a bheadh ag Síle in dialann (nó ag Liam ina dhialann) ar na himeachtaí atá léirithe thuas.

[Is leor 15 líne nó mar sin i do fhreagra.]

Alt Gairid CEIST 3 Cuntas (2001)

(45 marc)
Freagair (a) **nó** (b) anseo.

(a) **Alt** gairid (**15 líne nó mar sin**) a scríobh ar **cheann amháin** de na hábhair seo:
  (i) Duais a bhuaigh mé.
  (ii) Mo laethanta saoire an samhradh seo caite.
  (iii) Rud a chuir áthas orm.
  (iv) An pearsa spóirt is fearr liom.

NÓ

(b) Is iad Deirdre agus Eoin na daoine óga atá sna pictiúir thuas. Scríobh an **cuntas** is dóigh leat a bheadh ag Deirdre in dialann (**nó** ag Eoin ina dhialann) ar na himeachtaí atá léirithe thuas.

[Is leor 15 líne nó mar sin i do fhreagra.]

Scríobh na Teanga

Alt Gairid CEIST 3 Cuntas (2000)

(45 marc)
Freagair (a) **nó** (b) anseo.

(a) **Alt** gairid (**15 líne nó mar sin**) a scríobh ar **cheann amháin** de na hábhair seo:
  (i) Oíche Shamhna.
  (ii) An lá a chaill mé eochair an tí.
  (iii) Is maith liom an nádúr.
  (iv) Rud a chuir eagla orm.

NÓ

(b) Is iad Peadar agus Séamas na daoine óga atá sna pictiúir thuas. Scríobh an **cuntas** is dóigh leat a bheadh ag Peadar nó ag Séamas ina dhialann ar na himeachtaí atá léirithe thuas.

[**Is leor 15 líne nó mar sin i do fhreagra.**]

AONAD 7　　　　　　　　　　　FREAGRAÍ

Aonad 1

CLUASTUISCINT 2003 (LCH 42)

Cuid A

An Chéad Chainteoir
I mBostún.
Dhá bhliain d'aois.

Ní maith léi scoil.

An Dara Cainteoir
I gCathair Luimnigh.
*rugbaí *iománaíocht
(either)
Bheith ina dhochtúir.

An Tríú Cainteoir
Dhá mhí.
Ceol.

An giotár.

Cuid B

Fógra 1
1. (b)
2. (a)

Fógra 2
1. (a)
2. míle euro

Fógra 3
1. (d)
2. (b)

Cuid C

Comhrá 1
1. (c)
2. (b)

Comhrá 2
1. (d)
2. (b)

Comhrá 3
1. (c)
2. (b)

Cuid D

Píosa 1
1. (b)
2. (b)

Píosa 2
1. (a)
2. ceol

Píosa 3
1. (b)
2. (a)

CLUASTUISCINT 2002 (LCH 51)

Cuid A

An Chéad Chainteoir
I gContae na Mí.
Sé bliana déag d'aois.

Is maor tráchta í.

An Dara Cainteoir
Pobalscoil áitiúil.
Ní maith leis bheith
   ar scoil.
I ngaráiste a uncail.

An Tríú Cainteoir
Cispheil.
D'imir sé an tseachtain
   seo caite.
Sé throigh agus sé orlach.

Cuid B

Fógra 1
1. (b)
2. (c)

Fógra 2
1. (b)
2. ar a dó a chlog

Fógra 3
1. (a)
2. (b)

Cuid C

Comhrá 1
1. (c)
2. (b)

Comhrá 2
1. (b)
2. (c)

Comhrá 3
1. (a)
2. (b)

Cuid D

Píosa 1
1. (a)
2. (a)

Píosa 2
1. (a)
2. Cúig mhíle

Píosa 3
1. (a)
2. (c)

CLUASTUISCINT 2001 (LCH 60)

Cuid A

An Chéad Chainteoir
I gContae Liatroma.

An Ghaeilge.

Bheith ina hinnealtóir.

An Dara Cainteoir
As an Uaimh, i gContae na Mí.

Meánscoil áitiúil.
Altra.

Bheith ag bailiú stampaí

An Tríú Cainteoir
Dath rua.

Peil ghaelach.
Beirt.

Ar an ollscoil i gCorcaigh.

Cuid B

Fógra 1
1. (b)
2. (c)

Fógra 2
1. (d)
2. Pádraig Mac Piarais

Fógra 3
1. (a)
2. (b)

Cuid C

Comhrá 1
1. (b)
2. (c)

Comhrá 2
1. (a)
2. Ar an gCéadaoin

Comhrá 3
1. (c)
2. (b)

Cuid D

Píosa 1
1. I gConamara
2. Cúrsaí Gaeilge

Píosa 2
1. (a)
2. 'For the Birds'

Píosa 3
1. (c)
2. Go Meiriceá.

Cluastuiscint 2000 (lch 68)

Cuid A

An Chéad Chainteoir
Cúig bliana déag atá sí.
I mBostún.
Imríonn sí galf.
Galfchlub áitiúil.

An Dara Cainteoir
I nGaoth Dobhair.
Sacar.
Imríonn sí é.
Níos mó staidéir.

An Tríú Cainteoir
Ar an gCeathrú Rua.
Is garda síochána í.
Cláir faoin dúlra.

Cuid B

Fógra 1
1. (c)
2. Ag a haon a chlog.

Fógra 2
1. (d)
2. Ag an doras.

Fógra 3
1. (b)
2. Beidh sé grianmhar agus brothallach.

Cuid C

Comhrá 1
1. (c)
2. Gur réitigh sé an fhadhb agus go dtaispeánfaidh sé an réiteach di tráthnóna.

Comhrá 2
1. (b)
2. Sciorr sí ar an urlár tais.

Comhrá 3
1. (d)
2. Tabharfaidh se a chuid nótaí di.

Aonad 2

Léamhthuiscint

1 (Lch 79)

Uimhir	Litir
1	F
2	J
3	B
4	E
5	A
6	H
7	C
8	I
9	D
10	G

2 (Lch 80)

Uimhir	Litir
1	C
2	H
3	D
4	B
5	J
6	A
7	E
8	F
9	G
10	1

3 (Lch 81)

Uimhir	Litir
1	D
2	A
3	F
4	H
5	I
6	C
7	J
8	E
9	G
10	B

4 (Lch 82)

Uimhir	Litir
1	E
2	F
3	I
4	G
5	H
6	J
7	B
8	D
9	C
10	A

5 (Lch 83)

Uimhir	Litir
1	D
2	J
3	G
4	F
5	C
6	H
7	B
8	I
9	E
10	A

6 (Lch 84)

Uimhir	Litir
1	E
2	D
3	H
4	G
5	I
6	B
7	J
8	A
9	C
10	F

7 (Lch 85)

Uimhir	Litir
1	B
2	F
3	D
4	C
5	G
6	H
7	E
8	A
9	J
10	I

8 (Lch 86)

Uimhir	Litir
1	F
2	I
3	B
4	A
5	C
6	E
7	G
8	J
9	H
10	D

9 (Lch 87)

Uimhir	Litir
1	G
2	J
3	H
4	I
5	B
6	A
7	C
8	E
9	D
10	F

Aonad 3

Ceist 2(a)

Sampla 3 2003 (lch 91)

(i) Comórtais lúthchleasaíochta do gach aois.
(ii) Chun airgead a bhailiú ar son an Tríú Domhain.
(iii) Amhráin thraidisiúnta agus nua-aimseartha.

Sampla 4 2002 (lch 92)

(i) Fuair siad bus ó Ghaillimh go dtí An Cloigeann agus bhí turas báid acu ón gCloigeann go dtí Inis Bó Finne.
(ii) Turas coisíochta timpeall an oileáin.
(iii) Ón rúnaí, Seán Mac Mathúna.

Sampla 5 2001 (lch 93)

(i) I Halla an Bhaile.
(ii) Is féidir leo bualadh agus labhairt le chéile.
(iii) Taispeánfaidh sé físeán ar: Conas do theach a choimeád slán agus freagróidh sé ceisteanna faoi.

Sampla 6 2000 (lch 94)

(i) Éamonn Ó Cuív. Beidh sé ag oscailt na féile.
(ii) *Dráma; Cúirt an Mheán Oíche *Díospóireacht; Drámaíocht na Gaeilge – cad atá i ndán di? *Dráma; Buidéal Fhéile Vailintín. **NB Any 2.**
(iii) *Ceolchoirm roc-cheoil; *Dioscó Ceilteach; *Oíche Amhranaíochta **NB Any 2.**

Sampla 7 1999 (lch 95)

(i) Labhróidh sé faoi bhunú agus faoi fhás an Choláiste.
(ii) Taispeántas pictiúr san halla tionóil.
(iii) Pléifear an rún 'Is aoibhinn beatha an scoláire'.

Sampla 8 1998 (lch 96)

(i) Seosamh Mac Donncha.
(ii) Sa Chrúiscín Lán.
(iii) Rince Mór an Fhómhair.

Sampla 9 1997 (lch 97)

(i) *Sonia Ó Sullivan *Michelle Smith *Niall Quinn **NB Any 2.**
(ii) *Cluiche Sacair: Múinteoirí v Tuismitheoirí *Lainseáil físeáin nua le hAisling Ní Bhriain (ball de Choiste na dTuismitheoirí).
 *Tráth na gCeist Boird (á eagrú ag Coiste na dTuismitheoirí) **NB Any 2.**
(iii) Beidh Seó Faisin Spóirt i Halla na Scoile ar 7.30 p.m.

Sampla 10 1996 (lch 98)

(i) *Mary O'Malley *Michael D. Higgins *Máire Mhac an tSaoi **NB Any 2.**
(ii) *Ceolchoirm rock *Comórtas rince nua-aimseartha *Comórtas rincí seit. *Céilí mór. **NB Any 2.**
(iii) Déardaoin san amharclann. Scríobh Antaine Ó Flaithearta é.

Aonad 3

Ceist 2(b)

Sampla 3 2003 (lch 101)

(i) Ó Bhealtaine go deireadh Lúnasa.
(ii) *Linn snámha *Cúirteanna leadóige *seisiúin cheoil gach oíche *dioscónna do dhéagóirí *seomra cluichí do pháistí óga. **NB Any 2**.
(iii) Ó 9 a.m. – 5 p.m. ón Luan go dtí an Aoine.

Sampla 4 2002 (lch 102)

(i) In Ollmhargadh Uí She.
(ii) *Málaí a phacáil *Tralaithe a bhailiú *Na hurláir agus na seilfeanna a ghlanadh *Na hearraí a chur ar na seilfeanna *obair a dhéanamh ag an deasc airgid. **NB Any two.**
(iii) €5 san uair

Sampla 5 2001 (lch 103)

(i) Cócaireacht do gach duine.
(ii) Lón suimiúil agus sláintiúil.
(iii) Beidh sí ag síniú cóipeanna dá leabhar i Siopa Uí Néill.

Sampla 6 2000 (lch 104)

(i) Mar tá sé díreach in aice le Loch Deirgeirt.
(ii) *Peil ghaelach. *Iománaíocht *Camógaíocht **NB Any two.**
(iii) Scríobh chuig Seán de Paor.

Sampla 7 1999 (lch 105)

(i) Tá sé i nDún Chaoin.
(ii) Sa Chaife Liteartha.
(iii) Beidh oíche cheoil agus rince acu.

Sampla 8 1998 (lch 106)

(i) Baile Coimín, Co Chill Mhantáin.
(ii) *Marcaíocht capall *Áiseanna bádóireachta agus iascaigh
(iii) Teach Russborough.

Sampla 9 1997 (lch 107)

(i) Mar bíonn sé ina shamhradh i gcónaí agus an teocht idir **22 – 27** gach lá.
(ii) *Dhá sheomra codlata *seomra suí *oigheann leictreach, miasniteoir sa chistin * balcóin * dhá sheomra folctha *teilifís **NB Any two.**
(iii) *linn snámha *seomra teilifíse agus seomra cluichí

Sampla 10 1996 (lch 108)

(i) Beidh Aifreann, fáilte oifigiúil agus seisiún ceoil.
(ii) *Ceardlann rince seit, an Mám *Turas go Máméan *Aifreann ar Mháméan. **NB Any 2.**
(iii) Dé Luain ar 10.00 a.m.

Aonad 4

Léamhthuiscint Dánta Ceist 2(c)

Sampla 3 2003 (lch 112)

(i) Bhí sé trí mhí.
(ii) Cat mór groí.
(iii) Chuala sí an luichín ag canadh dó ré mí.

Sampla 4 2002 (lch 113)

(i) Na bhfrancach is na luch.
(ii) Buí mar thóirsí.
(iii) Oíche éigin.

Sampla 5 2001 (lch 114)

(i) Bhí dúidín ina bhéal.
(ii) An mheán lae.
(iii) Bhí sí ag seinm ceoil sa tsráid ar shean-orgáinín béil.

Sampla 6 2000 (lch 115)

(i) Ar abhainn na Life.
(ii) Spréigh siad brat glas.
(iii) An fómhar.

Sampla 7 1999 (lch 116)

(i) Tá sé ag sábháil an fhéir.
(ii) Cois coille is trá.
(iii) Cuairteoirí.

Sampla 8 1998 (lch 117)

(i) Teacht go dtí a theach is fanacht i gcomhair an tae.
(ii) Thuas sa chró.
(iii) Mar b'fhearr leo fanacht ar an díon go slán sábháilte beo.

Sampla 9 1997 (lch 118)

(i) Amach chun na míntíre.
(ii) Bhíodh siad ag súgradh ar an trá.
(iii) Daoine ag insint scéalta agus ceol á sheinm ar veidhlín.

Sampla 10 1996 (lch 119)

(i) Bhí siad ina luí.
(ii) Ghoid an gadaí an físeán nua.
(iii) Mam.

Aonad 5

LÉAMHTHUISCINT (SLEACHTA) – CEIST 3(A)

Sampla 3 2004 (lch 123)

(i) I mbaile Graz san Ostair.
(ii) Nuair a bhí sé san arm.
(iii) The Terminator.
(iv) Ar Fhaiche Stiabhna i mBaile Átha Cliath.
(v) Is polaiteoir é anois.

Sampla 4 2004 (lch 124)

(i) I mbéal Chuan an Daingin.
(ii) I 1983.
(iii) Bhí sé ag leanúint na mbád isteach ó bhéal an chuain.
(iv) *léimeann sé amach as an uisce *tagann sé i ngiorracht do bheagnach gach bád a bhíonn ag seoladh isteach is amach as an gcuan. **NB One point only.**
(v) Itheann sé éisc.

Sampla 5 2003 (lch 125)

(i) Is DJ é.
(ii) Mar bhíodh na buachaillí eile ar scoil ag magadh faoin ainm Quentin.
(iii) Ceol damhsa.
(iv) Na damhsóirí sna clubanna.
(v) Ar fud an domhain.

Sampla 6 2003 (lch 126)

(i) Rugadh Jennifer i Sherman Oaks, California.
(ii) Naoi mbliana d'aois
(iii) 750,000
(iv) I ngailearaí an Mhet i Nua-Eabhrac.
(v) Phós sí Brad Pitt.

Sampla 7 2002 (lch 127)

(i) Mar dhreap sé na sléibhte is airde agus is dainséaraí ar fud an domhain.
(ii) Thit cloch a bhí chomh mór le teilifíseán, anuas ar a cheann.
(iii) *Tá deacracht aige, uaireanta, labhairt. *Ní féidir leis a lámh chlé a úsáid.
NB. One point only.
(iv) Totem Pole.
(v) Cabhraíonn Headway le daoine a ghortaítear sa cheann.

Sampla 8 2002 (lch 128)

(i) Nuair nach raibh sí ábalta aon rud a chloisteáil.
(ii) Bhí siad bodhar agus dall.
(iii) Rinne na páistí san Institiúid an bhábóg.
(iv) Scríobh sí ar focal B-A-B-O-G ar a láimh.
(v) Trí úsáid a bhaint as aibítir láimhe.

Sampla 9 2001 (lch 129)

(i) Agnes Bojaxhiu.
(ii) Nuair a chuala sí faoi obair na nÍosánach ann.
(iii) Chaith sí seacht mbliana déag ann.
(iv) Thosaigh sí ord nua de mhná rialta.
(v) Fuair sí duais Nobel.

Sampla 10 2001 (lch 130)

(i) Bhí suim aici sna cóisirí agus dioscónna.
(ii) Mar d'aithin sé an tallann agus an scil a bhí aici.
(iii) Bhí sí seacht mbliana déag d'aois.
(iv) D'fhág sí an rás agus í ag gol.
(v) Bhuaigh sí rás 5000 m.

Freagraí

Sampla 11 2000 (lch 131)

(i) As an Ghréig.
(ii) Mar bhí a seanathair ina veidhleadóir agus tá a deartháir Shane ina bhall den ghrúpa Boyzone.
(iii) Is meicneoir páirtaimseartha é.
(iv) Sa chlub spóirt ina raibh siad páirteach.
(v) Tá Bewitched mór i Meiriceá rud nach féidir le Boyzone a rá.

Sampla 12 2000 (lch 132)

(i) Scóráil sé cúl clasaiceach.
(ii) Scóráil sé in aghaidh na Sualainne.
(iii) D'fhág sé a sheanchlub Crumlin United chun dul ag imirt le Wolverhampton Wanderers.
(iv) Scóráil sé dhá chúl i gcoinne Derby County agus cúl i gcoinne Sunderland.
(v) Tá áit sheasta tugtha ag Mick dó ar fhoireann na hÉireann.

Sampla 13 1999 (lch 133)

(i) As Leitir Ceanainn.
(ii) Sé bliana déag d'aois atá sí.
(iii) Naoi n-uaire is fiche.
(iv) Mar cuireann an scannán isteach go mór uirthi.
(v) Mar tá sí chomh mór sin i ngrá le réalta an scannáin.

Sampla 14 1999 (lch 134)

(i) Ocht mbliana déag d'aois.
(ii) Peil, sacar.
(iii) Thosaigh sé ag screadaíl.
(iv) A bheith ina rothaí gairmiúil.

Aonad 8   Na Briathra

Ba choir duit dianstaidéar a dhéanamh ar na briathra, go mór mór na briathra neamhrialta. You should do a complete revision of the verbs, particularly the irregular verbs. With this in mind I am providing a brief chapter dealing only with the *aimsir chaite, aimsir láithreach* and *aimsir fháistineach* of the verbs.

Na réimnithe
Is féidir na briathra a roinnt ina dtrí ghrúpa, mar seo a leanas:
* *briathra sa chéad réimniú* (verbs in the first conjugation)
* *briathra sa dara réimniú* (verbs in the second conjugation)
* *briathra neamhrialta* (irregular verbs)

Briathra sa chéad réimniú
Níl ach *siolla amháin* sa fhréamh ag briathra sa *chéad réimniú*. (Verbs in the *first conjugation* usually have only *one syllable* in the stem.)

An aimsir chaite (the past tense)
NB: Cuirtear séimhiú ar bhriathra a thosaíonn le consan. (Verbs that begin with a consonant take a *séimhiú*.)

Leathan—broad (a, o, u)	Caol—slender (e, i)
dhún mé (I closed)	**chuir mé** (I put)
dhún tú (you closed)	**chuir tú** (you put)
dhún sé/sí (he/she closed)	**chuir sé/sí** (he/she put)
dhúnamar (we closed)	**chuireamar** (we put)
dhún sibh (you closed—plural)	**chuir sibh** (you put—plural)
dhún siad (they closed)	**chuir siad** (they put)
bs. **dúnadh é** (it was closed)*	bs. **cuireadh é** (it was put)*

Diúltach (negative)
níor dhún mé (I didn't close, etc.)   **níor chuir mé** (I didn't put, etc.)

Ceisteach (for asking questions)
ar dhún tú? (did you close?)   **ar chuir tú?** (did you put?)

*bs. = *briathar saor*. Úsáidtear an briathar saor nuair nach bhfuil a fhios againn cé a dhéanann an gníomh. The *briathar saor* is used when we don't know who does the action.

Na Briathra

AN AIMSIR LÁITHREACH (THE PRESENT TENSE)

Leathan (broad)
dúnaim (I close)
dúnann tú (you close)
dúnann sé/sí (he/she closes)
dúnaimid (we close)
dúnann sibh (you close—plural)
dúnann siad (they close)

bs. **dúntar é** (it is closed)

Caol (slender)
cuirim (I put)
cuireann tú (you put)
cuireann sé/sí (he/she puts)
cuirimid (we put)
cuireann sibh (you put—plural)
cuireann siad (they put)

bs. **cuirtear é** (it is put)

Diúltach (negative)

ní dhúnaim (I don't close)
ní dhúnann tú (you don't close)
ní dhúnann sé/sí (he/she doesn't close)
ní dhúnaimid (we don't close)
ní dhúnann sibh (you don't close—plural)
ní dhúnann siad (they don't close)

bs. **ní dhúntar é** (it isn't closed)

ní chuirim (I don't put)
ní chuireann tú (you don't put)
ní chuireann sé/sí (he/she doesn't put)
ní chuirimid (we don't put)
ní chuireann sibh (you don't put plural)
ní chuireann siad (they don't put)

bs. **ní chuirtear é** (it isn't put)

Ceisteach (for asking questions)

an ndúnann tú? (do you close?)

an gcuireann tú? (do you put?)

AN AIMSIR FHÁISTINEACH (THE FUTURE TENSE)

Leathan (broad)
dúnfaidh mé (I will close)
dúnfaidh tú (you will close)
dúnfaidh sé/sí (he/she will close)
dúnfaimid (we will close)
dúnfaidh sibh (you will close—plural)
dúnfaidh siad (they will close)

bs. **dúnfar** (it will be closed)

Caol (slender)
cuirfidh mé (I will put)
cuirfidh tú (you will put)
cuirfidh sé/sí (he/she will put)
cuirfimid (we will put)
cuirfidh sibh (you will put—plural)
cuirfidh siad (they will put)

bs. **cuirfear** (it will be put)

Diúltach (negative)

ní dhúnfaidh mé (I won't close, etc.)

ní chuirfidh mé (I won't put, etc.)

Ceisteach (for asking questions)

an ndúnfaidh tú? (will you close?)

an gcuirfidh tú? (will you put?)

Briathra sa dara réimniú (Verbs in the second conjugation)

Bíonn níos mó ná siolla amháin sa fhréamh ag briathra sa dara réimniú. Verbs in the second conjugation have *more than one syllable* in the stem. We will use the verbs **ceannaigh** (buy) and **bailigh** (collect or gather); the endings here can be used with other second-conjugation verbs.

An aimsir chaite (The past tense)

Leathan (broad—a, o, u)
cheannaigh mé (I bought)
cheannaigh tú (you bought)
cheannaigh sé/sí (he/she bought)
cheannaíomar (we bought)
cheannaigh sibh (you bought—plural)
cheannaigh siad (they bought)

bs. **ceannaíodh é** (it was bought)

Caol (slender—e, i)
bhailigh mé (I collected)
bhailigh tú (you collected)
bhailigh sé/sí (he/she collected)
bhailíomar (we collected)
bhailigh sibh (you collected—plural)
bhailigh siad (they collected)

bs. **bailíodh é** (it was collected)

Diúltach (negative)
níor cheannaigh mé (I didn't buy, etc.)   **níor bhailigh mé** (I didn't collect, etc.)

Ceisteach
ar cheannaigh tú? (did you buy?)   **ar bhailigh tú?** (did you collect?)

Aire
Cuirtear **d'** roimh bhriathra a thosaíonn le guta nó le **fh**. Samplaí: **d'ullmhaigh mé**, **d'éirigh mé**.

An aimsir láithreach (The present tense)

ceannaím (I buy)
ceannaíonn tú (you buy)
ceannaíonn sé/sí (he/she buys)
ceannaímid (we buy)
ceannaíonn sibh (you buy—plural)
ceannaíonn siad (they buy)

bs. **ceannaítear** (it is bought)

bailím (I collect)
bailíonn tú (you collect)
bailíonn sé/sí (he/she collects)
bailímid (we collect)
bailíonn sibh (you collect—plural)
bailíonn siad (they collect)

bs. **bailítear** (it is collected)

Diúltach
ní cheannaím (I don't buy)   **ní bhailím** (I don't collect)

Ceisteach
an gceannaíonn tú? (do you buy?)   **an mbailíonn tú?** (do you collect?)

An aimsir fháistineach (The future tense)

ceannóidh mé (I will buy)
ceannóidh tú (you will buy)
ceannóidh sé/sí (he/she will buy)
ceannóimid (we will buy)
ceannóidh sibh (you will buy—plural)
ceannóidh siad (they will buy)

bs. ceannófar é (it will be bought)

baileoidh mé (I will collect)
baileoidh tú (you will collect)
baileoidh sé/sí (he/she will collect)
baileoimid (we will collect)
baileoidh sibh (you will collect—plural)
baileoidh siad (they will collect)

bs. baileofar é (it will be collected)

Diúltach
ní cheannóidh mé (I won't buy)
ní bhaileoidh mé (I won't collect)

Ceisteach
an gceannóidh tú? (will you buy?)
an mbaileoidh tú? (will you collect?)

Na briathra neamhrialta (The irregular verbs)
An aimsir chaite

	Diúltach	Ceisteach

Clois (hear):
chuala mé (I heard) — níor chuala mé (I didn't hear)
chuala tú — ar chuala tú? (did you hear?)
chuala sé/sí
chualamar
chuala sibh
chuala siad
bs. chualathas (it was heard) — níor chualathas — ar chualathas?

Tar (come):
tháinig mé (I came) — níor tháinig mé (I didn't come)
tháinig tú — ar tháinig tú? (did you come?)
tháinig sé/sí
thángamar
tháinig sibh
tháinig siad
bs. thángthas (it was come) — níor thángthas — ar thángthas?

	Diúltach	*Ceisteach*
Ith (eat): **d'ith mé** (I ate)	**níor ith mé** (I didn't eat)	
d'ith tú		**ar ith tú?** (did you eat?)
d'ith sé/sí		
d'itheamar		
d'ith sibh		
d'ith siad		
bs. **itheadh** (it was eaten)	**níor itheadh**	**ar itheadh?**
Tabhair (give): **thug mé** (I gave)	**níor thug** (I didn't give)	
thug tú		**ar thug tú?** (did you give)
thug sé/sí		
thugamar		
thug sibh		
thug siad		
bs. **tugadh**	**níor tugadh**	**ar tugadh?**
Déan (do/make): **rinne mé** (I did/made)	**ní dhearna mé** (I didn't do/make)	
rinne tú		**an ndearna tú?** (did you do/make?)
rinne sé/sí		
rinneamar		
rinne sibh		
rinne siad		
bs. **rinneadh** (it was done/made)		**ní dhearnadh**
Feic (see): **chonaic mé** (I saw)	**ní fhaca mé** (I didn't see)	
chonaic tú		**an bhfaca tú?** (did you see?)
chonaic sé/sí		
chonaiceamar		
chonaic sibh		
chonaic siad		
bs. **chonacthas**) (it was seen	**ní fhacthas**	**an bhfacthas?**

Na Briathra

	Diúltach	*Ceisteach*
Abair (say):		
dúirt mé (I said)	**ní dúirt mé** (I didn't say)	
dúirt tú		**an ndúirt tú?** (did you say?)
dúirt sé/sí		
dúramar		
dúirt sibh		
dúirt siad		
bs. **dúradh** (it was said)	**ní dúradh**	**an ndúradh?**
Téigh (go):		
chuaigh mé (I went)	**ní dheachaigh mé** (I didn't go)	
chuaigh tú		**an ndeachaigh tú?** (did you go?)
chuaigh sé/sí		
chuamar		
chuaigh sibh		
chuaigh siad		
bs. **chuathas**	**ní dheachthas**	**an ndeachthas?**
Faigh (get):		
fuair mé (I got)	**ní bhfuair mé** (I didn't get)	
fuair tú		**an bhfuair tú?** (did you get?)
fuair sé/sí		
fuaireamar		
fuair sibh		
fuair siad		
bs. **fuarthas** (it was got)	**ní bhfuarthas**	**an bhfuarthas?**
Bí (be):		
bhí mé (I was)	**ní raibh mé** (I wasn't)	
bhí tú		**an raibh tú?** (were you?)
bhí sé/sí		
bhíomar		
bhí sibh		
bhí siad		
bs. **bhíothas** (it was)	**ní rabhthas**	**an rabhthas?**

	Diúltach	*Ceisteach*
Beir (catch/hold):		
rug mé (I caught)	**níor rug mé** (I didn't catch)	
rug tú		**ar rug tú?** (did you catch?)
rug sé/sí		
rugamar		
rug sibh		
rug siad		
bs. **rugadh** (was caught/born)	**níor rugadh**	**ar rugadh?**

An aimsir Láithreach

	Diúltach	*Ceisteach*
Clos (hear):		
cloisim (I hear)	**ní <u>ch</u>loisim** (I don't hear)	
cloiseann tú		**an <u>g</u>cloiseann tú?** (do you hear?)
cloiseann sé/sí		
cloisimid		
cloiseann sibh		
cloiseann siad		
bs. **cloistear** (it is heard)	**ní <u>ch</u>loistear**	**an <u>g</u>cloistear?**

Tar (come):		
tagaim (I come)	**ní <u>th</u>agaim** (I don't come)	
tagann tú		**an <u>d</u>tagann tú?** (do you come?)
tagann sé/sí		
tagaimid		
tagann sibh		
tagann siad		
bs. **tagtar** (it comes)	**ní <u>th</u>agtar**	**an <u>d</u>tagtar?**

Ith (eat):		
ithim (I eat)	**ní ithim** (I don't eat)	
itheann tú		**an itheann tú?** (do you eat?)
itheann sé/sí		
ithimid		
itheann sibh		
itheann siad		
bs. **itear** (it is eaten)	**ní itear**	**an itear?**

Na Briathra

	Diúltach	*Ceisteach*
Tabhair (give):		
tugaim (I give)	ní **th**ugaim (I don't give)	
tugann tú		an **dt**ugann tú? (do you give?)
tugann sé/sí		
tugaimid		
tugann sibh		
tugann siad		
bs. **tugtar** (it is given)	ní **th**ugtar	an **dt**ugtar?
Déan (do/make):		
déanaim (I do)	ní **dh**éanaim (I don't)	
déanann tú		an **nd**éanann tú? (do you?)
déanann sé/sí		
déanaimid		
déanann sibh		
déanann siad		
bs. **déantar** (it is done)	ní **dh**éantar	an **nd**éantar?
Feic (see):		
feicim (I see)	ní **fh**eicim (I don't see)	
feiceann tú		an **bhf**eiceann tú? (do you see?)
feiceann sé/sí		
feicimid		
feiceann sibh		
feiceann siad		
bs. **feictear** (it is seen)	ní **fh**eictear	an **bhf**eictear?
Abair (say):		
deirim (I say)	ní deirim (I don't say)	
deir tú		an **nd**eir tú? (do you say?)
deir sé/sí		
deirimid		
deir sibh		
deir siad		
bs. **deirtear** (it is said)	ní deirtear	an **nd**eirtear?

	Diúltach	*Ceisteach*
Téigh (go):		
téim (I go)	**ní théim** (I don't go)	
téann tú		**an dtéann tú?** (do you go?)
téann sé/sí		
téimid		
téann sibh		
téann siad		
bs. **téitear**	**ní théitear**	**an dtéitear?**

Faigh (get):		
faighim (I get)	**ní fhaighim** (I don't get)	
faigheann tú		**an bhfaigheann tú?** (do you get?)
faigheann sé/sí		
faighimid		
faigheann sibh		
faigheann siad		
bs. **faightear** (it is got)	**ní fhaightear**	**an bhfaightear?**

Bí (be):		
tá mé/táim (I am)	**nílim** (I'm not)	
tá tú	**níl tú**	**an bhfuil tú?** (are you?)
tá sé/sí	**níl sé/sí**	
táimid	**nílimid**	
tá sibh	**níl sibh**	
tá siad	**níl siad**	
bs. **táthar** (it is)	**níltear** (it isn't)	

Beir (catch/hold):		
beirim (I catch)	**ní bheirim** (I don't catch)	
beireann tú		**an mbeireann tú?** (do you catch?)
beireann sé/sí		
beirimid		
beireann sibh		
beireann siad		
bs. **beirtear** (it is caught)	**ní bheirtear**	**an mbeirtear?**

An aimsir fháistineach

	Diúltach	*Ceisteach*

Clois (hear):
cloisfidh mé (I will hear)   **ní <u>ch</u>loisfidh mé** (I won't hear)
cloisfidh tú   **an <u>g</u>cloisfidh tú?**
cloisfidh sé/sí
cloisfimid
cloisfidh sibh
cloisfidh siad
bs. **cloisfear** (it will be heard)   **ní <u>ch</u>loisfear**   **an <u>g</u>cloisfear?**

Tar (come):
tiocfaidh mé (I will come)   **ní <u>th</u>iocfaidh mé** (I won't come)
tiocfaidh tú   **an <u>d</u>tiocfaidh tú?**
tiocfaidh sé/sí
tiocfaimid
tiocfaidh sibh
tiocfaidh siad
bs. **tiocfar** (it will come)   **ní <u>th</u>iocfar**   **an <u>d</u>tiocfar?**

Ith (eat):
íosfaidh mé (I will eat)   **ní íosfaidh mé** (I won't eat)
íosfaidh tú   **an íosfaidh tú?**
íosfaidh sé/sí
íosfaimid
íosfaidh sibh
íosfaidh siad
bs. **íosfar** (it will be eaten)   **ní íosfar**   **an íosfar?**

Tabhair (give):
tabharfaidh mé (I will give)   **ní <u>th</u>abharfaidh mé** (I won't give)
tabharfaidh tú   **an <u>d</u>tabharfaidh tú?**
tabharfaidh sé/sí
tabharfaimid
tabharfaidh sibh
tabharfaidh siad
bs. **tabharfar** (it will be given)   **ní <u>th</u>abharfar**   **an <u>d</u>tabharfar?**

	Diúltach	*Ceisteach*

Déan (do/make):
déanfaidh mé **ní dhéanfaidh mé**
  (I will do/make)   (I won't do/make)
déanfaidh tú   **an ndéanfaidh tú?**
déanfaidh sé/sí
déanfaimid
déanfaidh sibh
déanfaidh siad
bs. **déanfar** **ní dhéanfar** **an ndéanfar?**
  (it will be done/made)

Feic (see):
feicfidh mé (I will see) **ní fheicfidh mé** (I won't see)
feicfidh tú   **an bfeicfidh tú?**
feicfidh sé/sí
feicfimid
feicfidh sibh
feicfidh siad
bs. **feicfear** (it will be seen) **ní fheicfear** **an bhfeicfear?**

Abair (say):
déarfaidh mé (I will say) **ní déarfaidh mé** (I won't say)
déarfaidh tú   **an ndéarfaidh tú?**
déarfaidh sé/sí
déarfaimid
déarfaidh sibh
déarfaidh siad
bs. **déarfar** (it will be said) **ní déarfar** **an ndéarfar?**

Téigh (go):
rachaidh mé (I will go) **ní rachaidh mé** (I won't go)
rachaidh tú   **an rachaidh tú?**
rachaidh sé/sí
rachaimid
rachaidh sibh
rachaidh siad
bs. **rachfar** **ní rachfar** **an rachfar?**

Na Briathra

	Diúltach	*Ceisteach*
Faigh (get):		
gheobhaidh mé (I will get)	**ní bhfaighidh mé** (I won't get)	
gheobhaidh tú		**an bhfaighidh tú?**
gheobhaidh sé/sí		
gheobhaimid		
gheobhaidh sibh		
gheobhaidh siad		
bs. **gheofar** (it will be got)	**ní bhfaighfear**	**an bhfaighfear?**
Bí (be):		
beidh mé (I will be)	**ní bheidh mé** (I won't be)	
beidh tú		**an mbeidh tú?**
beidh sé/sí		
beimid		
beidh sibh		
beidh siad		
bs. **beifear** (it will be)	**ní bheifear**	**an mbeifear?**
Beir (hold, catch):		
béarfaidh mé (I will catch)	**ní bhéarfaidh mé** (I won't catch)	
béarfaidh tú		**an mbéarfaidh tú?**
béarfaidh sé/sí		
béarfaimid		
béarfaidh sibh		
béarfaidh siad		
bs. **béarfaí** (it will be caught)	**ní bhéarfar**	**an mbéarfar?**

EXAMINATION PAPERS

Coimisiún na Scrúduithe Stáit

SCRÚDÚ AN TEASTAIS SHÓISEARAIGH, 2006
GAEILGE (GNÁTHLEIBHÉAL)
CLUASTUISCINT (100 marc)
DÉARDAOIN, 8 MEITHEAMH - TRÁTHNÓNA, 1.30 go dtí 2.00

CLUASTUISCINT (100 marc)

N.B. Bíodh na freagraí I nGaeilge ach amháin nuair nach gá sin.

CUID A

Cloisfidh tú giota cainte ó gach duine de **thriúr** daoine óga sa Chuid seo. Cloisfidh tú gach giota díobh **trí huaire**. Éist go curamach leo agus líon isteach an t-eolas atá á lorg sna greillí, ag **1, 2** agus **3** thíos.

1. An Chéad Chainteoir   Track 73

Anim	Tomás Ó Cuinn
Cé mhéad bliain a bhfuil cónaí air i mBré?	
Cathain a bhíonn sé ag obair sa bhialann?	
Cén banna ceoil is fearr leis?	

2. An Dara Cainteoir   Track 74

Anim	Eibhlín Ní Shearcaigh
Cén cluiche a imríonn a deartháir?	
An sort siopa atá ag a hathair.	
Cén caitheamh aimsire is fearr leí?	

3.   **An Tríú Cainteoir**   Track 75

Anim	*Niamh de Brún*
An tslí bheatha atá ag a máthair.	
Cén t-ábhar scoile is fearr leí?	
Cathain a bhí sí sa Ghaeltacht?	

CUID B

Cloisfidh tú **trí** fhógra sa Chuid seo. Cloisfidh tú gach fógra díobh *faoi dhó*. Éist go cúramach leo. Beidh sos tar éis gach casadh chun deis a thabhairt duit an **dá** cheist a ghabhann le gach fógra díobh a fhreagairt.

Fógra a hAon   Track 76

(a)    (b)    (c)    (d)

1. Cén pictúir a théann leis an bhfógra seo?

2. Cad atá sa cheantar?
   (a) rasaí capall
   (b) asorcas mór
   (c) a lán cuairteoirí
   (d) comórtas ceoil

Fógra a Dó   Track 77

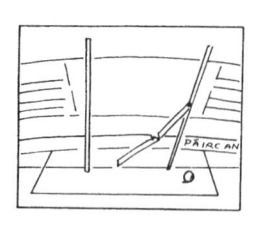

(a)   (b)   (c)   (d)

1. Cén pictúir a théann leis an bhfógra seo?

2. Cén t-am den lá a bheidh cead ag na daltaí dul go dtí na siopa áitiúla?

Fógra a Trí   Track 78

(a)   (b)   (c)   (d)

1. Cén pictúir a théann leis an bhfógra seo?

2. Cathain a bheidh an sos ann?
   (a) i lár an lae
   (b) a haon déag a chlog
   (c) leath uair tar éis a deich
   (d) a naoi a chlog

CUID C

Cloisfidh tú *trí cinn* de chomhráite teileafóin sa Chuid seo. Cloisfidh tú gach comhrá díobh *trí huaire*. Cloisfidh tú an comhrá ó thosach deireadh an chéad uair. Ansin cloisfidh tú é ina 2 mhír. Beidh sos tar éis gach míre díobh chun deis a thabhairt duit an cheist a bhaineann leis an mír sin a fhreagairt.

Comhrá a hAon   Track 79

An Chéad Mhír

    (a)   (b)   (c)   (d)

1. Cad chuige a raibh Amy ag ullmhú?

An Dara Mír

2. Cá rachaidh Sandra anocht?
   (a) chuig an gcomórtas
   (b) isteach sa chathair
   (c) go dtí an dioscó
   (d) ar saoire

Comhrá a Dó   Track 80

An Chéad Mhír

    (a)   (b)   (c)   (d)

1. Cé leis a raibh athair Mháirtín ag labhairt?

An Dara Mír

2. Cad a bheidh ag Máirtín amárach?
   (a) an leabhar
   (b) an rothar
   (c) an litir
   (d) fón póca nua

Comhrá a Trí Track 81

An Chéad Mhír

(a)   (b)   (c)   (d)

1. Cá raibh Bríd agus Rachel?

An Dara Mír

2. Cathain a bhaileoidh a Mam Bríd?
   (a) anocht
   (b) a deich a chlog ar maidin
   (c) tar éis tae
   (d) an tseachtain seo chugainn

CUID D

Cloisfidh tú *trí cinn* de phíosa ón raidió sa Chuid seo. Cloisfidh tú gach píosa díobh *faoi dhó*. Éist go cúramach leo agus freagair an **dá** cheist a ghabhann le gach píosa díobh.

Píosa a hAon Track 82

(a)   (b)   (c)   (d)

1. Conas a bheidh an aimsir ar fud na tíre i dtús an lae?

2. Cá mbeidh sioc crua oíche amárach?
   (a) Baile Átha Cliath
   (b) lár na tíre
   (c) iarthar na tíre
   (d) Corcaigh

Píosa a Dó Track 83

(a) (b) (c) (d)

1. Cén pictiúir a théann leis an bpíosa seo?

2. Cá fhad a bhíonn an sos don lón?

Píosa a Trí Track 84

(a) (b) (c) (d)

1. Cén t-ainmhí atá i gceist anseo?

2. Cathain a thaispeáin TG4 an scannán speisialta faoin ainmhí seo?
   (a) an tseachtain seo caite
   (b) anuraidh
   (c) cúpla mí ó shin
   (d) coicís ó shin

Scrúdú an Teastais Shóisearaigh 2006 Téipscript

CUID A

An Chéad Chainteoir — Rian 73

Is mise Tomás Ó Cuinn. Rugadh mé i gContae Liatroma ach táim i mo chónaí i mBré, Co. Chill Mhantáin le dhá bhliain anuas. Tá bialann ag mo thuismitheoirí. Bím ag obair ann ag an deireadh seachtaine. Ní maith liom an obair mar bíonn custaiméirí ag gearán go minic faoi phraghsanna na mbéilí.

Is maith liom ceol agus is é Snow Patrol an banna ceoil is fearr liom.

An Dara Cainteoir — Rian 74

Eibhlín Ní Shearcaigh is ainm dom. Cónaím dhá mhíle taobh amuigh de Litir Ceanainn i gContae Dhún na nGall. Tá deartháir amháin agam. Ruairí is ainm dó. Is imreoir gairmiúil sacair é agus imríonn sé le Leeds United. Is búistéir é m'athair agus tá siopa mór aige i Litir Ceanainn. Is é an caitheamh aimsire is fearr liom ná bheith ag siúl sna sléibhte.

An Tríú Cainteoir — Rian 75

Niamh de Brún an t-ainm atá orm. Tá cónaí orm i gcathair Luimnigh. Is fiaclóir í mo mháthair agus is scríbhneoir é m'athair. Is aoibhinn liom a bheith ar scoil. Is í an Ghaeilge an t-ábhar is fearr liom. Bhí mé sa Ghaeltacht anuraidh agus thaitin sé go mór liom. Bhuail mé le Séamas ann agus táimid ag siúl amach le chéile ó shin. Sílim go bhfuil sé an-dathúil.

CUID B

Fógra a hAon — Rian 76

Tá sibh ag éisteacht le Camchuairt ar RTÉ, Raidió na Gaeltachta. Tá fógra práinneach anseo againn ón nGarda Síochána. Beidh an trácht an-trom ar na bóithre timpeall ar an gCeathrú Rua as seo go ceann seachtaine. Tá sorcas sa cheantar. Leanaigí na treoracha a thugann na gardaí daoibh, le bhur dtoil.

Fógra a Dó — Rian 77

An Príomhoide ag caint libh. Ní bheidh siopa na scoile ar oscailt go dtí an Luan seo chugainn. Briseadh isteach ann ag an deireadh seachtaine agus rinneadh mórán damáiste dó. Mar gheall air seo, beidh cead ag daltaí dul go dtí na siopaí áitiúla ag am lóin go dtí go n-osclaíonn siopa na scoile arís. Cuirfear nóta chuig bhur dtuismitheoirí ag míniú an scéil dóibh.

Fógra a Trí — Rian 78

Cuirim fáilte roimh achan duine chuig Ceolchoirm na Nollag. I dtús báire fógra gearr faoi chúrsaí slándála. Tá ceithre shlí amach as an halla seo. Tá doras ar bhur gcúl, doras ar thaobh na láimhe deise, doras ar thaobh na láimhe clé agus doras eile taobh thiar den stáitse. Beidh sos deich nóiméad ag a naoi a chlog agus beidh an crannchur againn ansin.

CUID C

Comhrá a hAon — Rian 79

Amy: Haigh, a Sandra! Amy anseo.
Sandra: Ó heileó, a Amy! Is fada ó chuala mé uait.
Amy: Tá brón orm ach bhí mé an-ghnóthach le mí anuas.
Sandra: Céard a bhí idir lámha agat?
Amy: Bhí mé ag ullmhú don chomórtas Eolaí Óg na Bliana.
Sandra: Ach is dócha go mbíonn sos ag teastáil ó chailíní cliste freisin.
Amy: An mbeidh sibh ag dul amach anocht?
Sandra: Beimid ag dul isteach sa chathair. An dtiocfaidh tú linn?
Amy: Tiocfaidh mé. Ach caithfidh mé dul chuig an ngruagaire i dtosach. Buailfidh mé síos chuig do theachsa timpeall a hocht a chlog.
Sandra: Go hiontach, a Amy.

Comhrá a Dó — Rian 80

Tuismitheoir: An bhféadfainn labhairt leis an bPríomhoide, le do thoil?
Príomhoide: Seán Ó Ceallaigh, an Príomhoide, ag labhairt leat.
Tuismitheoir: Dia duit, a dhuine uasail. Is mise Tomás Ó Murchú. Tá mac liom, Máirtín, i mBliain a hAon.
Príomhoide: Dia is Muire duit, a Thomáis.
Tuismitheoir: Tá mé ag iarraidh cead uait Máirtín a thógáil as an scoil coicís roimh na laethanta saoire.
Príomhoide: Beidh Máirtín as láthair do na scrúduithe má dhéanann tú sin.
Tuismitheoir: Fuair mé margadh an-mhaith i gcomhair laethanta saoire sa Spáinn.
Príomhoide: Tuigim duit, a Thomáis, ach tá an Roinn Oideachais agus Eolaíochta an-dian ar rudaí mar sin anois. Pé scéal é, ar mhiste leat é a chur i scríbhinn chugam?
Tuismitheoir: Beidh an litir ag Máirtín amárach.

Comhrá a Trí   Rian 81

Bríd: Haigh, a Mham, Bríd anseo.
Máthair: Cá bhfuil tú, in ainm Dé, ag an am seo den oíche?
Bríd: Tá an-bhrón orm, a Mham, nár chuir mé scairt ort roimhe seo ach d'éirigh mo chara Rachel breoite ag an gcóisir agus bhí orm dul abhaile léi.
Máthair: Tuigim go maith cén fáth ar éirigh Rachel breoite.
Bríd: Rud éigin a d'ith sí ag an gcóisir, déarfainn.
Máthair: Rachaidh mé ann anois chun tú a bhailiú.
Bríd: Ó, ná déan, a Mham, caithfidh mé fanacht le Rachel ar feadh na hoíche.
Máthair: Ach cá bhfuil tuismitheoirí Rachel?
Bríd: Tá siad amuigh don oíche.
Máthair: Ní thuigim daoine áirithe. Anois, an seoladh, le do thoil, a Bhríd, agus baileoidh mé thú ag a deich a chlog ar maidin.

CUID D

Píosa a hAon   Rian 82

Seo anois réamhaisnéis na haimsire don lá amárach. Beidh sé scamallach ar fud na tíre i dtús an lae. Beidh ceo nó ceobhrán go forleathan i dtuaisceart na tíre ar maidin ach glanfaidh sé sin san iarnóin Titfidh an teocht faoin reophointe istoíche amárach agus beidh sioc crua ann, go háirithe i lár na tíre.

Píosa a Dó   Rian 83

Tá daltaí Phobalscoil an Tobair chun tosaigh ar mhórán scoileanna eile na laethanta seo. Tá pictiúrlann bheag dá gcuid féin acu. Ba iad na daltaí san Idirbhliain a chuir tús leis. Bíonn na seanscannáin thostacha le feiceáil le linn am lóin ar na laethanta nach mbíonn an aimsir go maith. Is scannáin ghearra is mó a bhíonn acu mar níl ach sos uair a' chloig acu don lón.

Píosa a Trí   Rian 84

Tá an t-asal dúchasach, nó an t-asal gaelach, i mbaol. Tá grúpa daoine tar éis teacht le chéile chun rud éigin a dhéanamh faoi. Ba mhaith leo féile, Féile na nAsal, a bhunú in onóir an asail. Go dtí seo, níl aon sráidbhaile ná aon bhaile mór sa tír sásta an fhéile a bheith acu. Thaispeáin TG4 scannán speisialta faoin asal cúpla mí ó shin. Bheadh trua agat don chréatúr bocht.

CEIST 2 Freagair do rogha **dhá cheann** de (a), (b), (c). (30 marc)

(a) Léigh an *fógra* seo a leanas agus freagair na ceisteanna a ghabhann leis. (15 mharc)

Bí sláintiúil agus cuir fad le do shaol

Ith an bia ceart i gcónaí
Déan aclaíocht go rialta

TOSÚ MAITH LEATH NA hOIBRE!

DON BHRICFEASTA
Ith babhla leitean
nó
Uibheacha/pónairí agus tósta

GACH LÁ
Ól, ar a laghad, 1.5 líotar d'uisce nó sú torthaí/glasraí
Ith torthaí agus glasraí
Ith bricfeasta, lón agus dinnéar
Má bhíonn ocras ort idir bhéilí ith iógart, torthaí, arán nó cáis

NÁ hITH
milseáin, seacláid agus deochanna mianraí ach cúpla uair sa tseachtain

ACLAÍOCHT
idir 45 – 60 nóiméad a dhéanamh gach lá

Sláinte agus saol chugat!

(i) Cad atá le déanamh go rialta?

_____

(ii) Cé mhéad uisce ba cheart a ól in aghaidh an lae?

_____

(iii) Scríobh síos **dhá** rud nach ceart a ithe ach cúpla uair sa tseachtain.

___

(b) Léigh an *fógra* seo a leanas agus freagair na ceisteanna a ghabhann leis.
    (15 mharc)

CUMANN CÚRAIM AINMHITHE

Má chailleann tú peata ainmhí

Déan teagmháil láithreach le	Fág an t-eolas seo i gcónaí
• Stáisiúin na nGardaí i do cheantar • An póna áitiúil • Na tréidlianna atá ag obair in aice leat • Siopaí agus garáistí áitiúla • Scoileanna	• Do sheoladh baile • Uimhir theileafóin • An t-am agus an lá a cailleadh an peata • Grianghraf den pheata

- Iarr ar na comharsana súil a bheith amuigh acu
- Cuir glao ar na Gardaí agus ar an bpóna gach lá
- Croch grianghraif den pheata timpeall an cheantair

Tuilleadh eolais
Fón: 01- 3958107 nó Ríomhphost: cca@indigo.ie

(i) Luaigh **dhá** rud atá le déanamh láithreach.

___

(ii) Scríobh síos **dhá** phíosa eolais atá le fágáil.

___

(iii) Conas is féidir tuilleadh eolais a fháil?

___

(c) Léigh an **dán** seo a leanas agus freagair na ceisteanna a ghabhann leis. (15 mharc)

Teilifís
(faoi m'iníon Saffron)

Ar a cúig a chlog ar maidin
Theastaigh an teilifís uaithi.
An féidir argóint le beainín
4   Dhá bhliain go leith?
Síos linn le chéile
Níor bhacas fiú le gléasadh
Is bhí an seomra préachta.
8   Gan solas fós sa spéir
Stánamar le hiontas ar scáileán bán.
Anois! Sásta?
Ach chonaic sise sneachta
12 Is sioráf tríd an sneachta
Is ulchabhán Artach
Ag faoileáil
Os a chionn.

Gabriel Rosenstock

(i) Cad a bhí ag teastáil ó iníon an fhile?

(ii) Cén aois í?

(iii) Ainmnigh **dhá** rud a chonaic an iníon ar an teilifís.

CEIST 3 Freagair (a) **agus** (b) anseo. (60 marc)

(a) Léigh an **sliocht** seo a leanas agus freagair na ceisteanna a ghabhann leis. **(30 marc)**

EOIN PÓL II

Rugadh an Pápa Eoin Pól II ar an 18 Bealtaine 1920 i mbaile Wadowice sa Pholainn. Karol Wojtyla ab ainm dó. Bhí a athair san arm. Fuair a mháthair bás nuair a bhí sé ina bhuachaill óg. Dá bharr sin d'éirigh sé féin agus a athair anchairdiúil lena chéile.

Thosaigh sé a chuid scolaíochta sa bhunscoil áitiúil nuair a bhí sé seacht mbliana d'aois. Ba scoláire den scoth é. Bhí sé go maith ag an spórt leis agus ba bhreá leis peil, sléibhteoireacht agus sciáil. Thaitin an aisteoireacht agus an scríbhneoireacht go mór leis chomh maith.

Sa bhliain 1946 foilsíodh leabhar filíochta, *Songs of the Hidden God*, a scríobh sé.

Nuair a toghadh é ina Phápa sa bhliain 1978 ba é an chéad Phápa nárbh Iodálach é le 456 bliain. Tháinig sé ar cuairt go hÉirinn i 1979. Bhailigh níos mó ná milliún duine le chéile i bPáirc an Fhionnuisce chun fáilte a chur roimhe. Ní dhéanfaidh aon duine a bhí i láthair dearmad riamh ar an ócáid iontach sin.

Bhí an-ghrá aige do dhaoine óga agus acusan dó. Chuir óige na tíre céad míle fáilte roimhe i nGaillimh le linn dó bheith in Éirinn. Chuaigh sé chuig 104 tír ar fud an domhain agus meastar gur bhuail sé go pearsanta le 17 milliún duine. Nuair a bhí sé ag fáil bháis anuraidh bhailigh daoine óga ina mílte, ó thíortha ar fud an domhain, sa Róimh chun an meas a bhí acu air a thaispeáint.

(i) Cár rugadh an Pápa Eoin Pól II?

_____

(ii) Scríobh síos **dhá** spórt a thaitin leis.

_____

(iii) Cé mhéad duine a bhí i láthair i bPáirc an Fhionnuisce?

_____

(iv) Cár bhuail sé le daoine óga na hÉireann?

_____

(v) Conas a thaispeáin na daoine óga an meas a bhí acu air nuair a bhí sé ag fáil bháis?

_____

(b) Léigh an **sliocht** seo a leanas agus freagair na ceisteanna a ghabhann leis. (30 marc)

Mionmharatón na mBan

Cuireadh tús le Mionmharatón na mBan i 1983. Rás deich gciliméadar timpeall chathair Bhaile Átha Cliath atá ann. Tá breis is leathmhilliún ban de gach aois agus cúlra tar éis páirt a ghlacadh sa mharatón cáiliúil seo ó 1983 i leith.

Níl aon amhras ach go mbaineann na mná an-taitneamh as an lá. Slí iontach dóibh chun iad féin a dhéanamh aclaí is ea an traenáil a dhéanann siad don rás. Ach ní gá traenáil dhian a dhéanamh. Braitheann sé sin ar an duine féin. Is féidir rith nó siúl sa rás. Faigheann gach duine a chríochnaíonn na deich gciliméadar bonn agus ribín.

Ceann de na príomhaidhmeanna atá ag an mionmharatón ná airgead a bhailiú do chumainn charthanachta. Tugann gach duine a ghlacann páirt ann tacaíocht do chumann carthanachta éigin. Sa bhliain 2004 bailíodh os cionn €9 milliún. Ó thosaigh an rás tá os cionn €75 milliún bailithe.

Ritheann reathaithe cáiliúla cosúil le Sonia O'Sullivan, Catherina McKiernan agus Pauline Curley sa mharatón gach bliain. Thar na blianta thóg polaiteoirí, iriseoirí agus daoine eile a raibh aithne mhaith ag an bpobal orthu páirt ann leis.

Chomh maith leis sin ritheann mná ó thíortha ar fud an domhain sa rás gach bliain. Rinneadh aithris leis ar an rás ina lán cathracha eile: Londain, Learpholl, Glascú agus Oslo ina measc.

(i) Cén áit a mbíonn Mionmharatón na mBan ar siúl in Éirinn?

(ii) Cad a fhaigheann gach duine a chríochnaíonn an rás?

(iii) Cé mhéad airgid a bailíodh i 2004 do chumainn charthanachta?

(iv) Ainmnigh **beirt** reathaithe a ghlac páirt sa mharatón.

(v) Ainmnigh **dhá** chathair i dtíortha eile a mbíonn maratón ar siúl iontu.

ROINN II – SCRÍOBH NA TEANGA (110 MARC)

FREAGAIR GACH CEIST.

CEIST 1 Freagair (a) nó (b) anseo (25 mharc)

(a) Tá tú ar saoire in ionad campála sa Fhrainc (nó i dtír iasachta eile). Scríobh **cárta poist** chuig do thuismitheoirí. Luaigh na pointí seo a leanas ar an gcárta.
- an turas ar an mbád **nó** san eitleán
- rud amháin faoin ionad campála
- an aimsir
- rud amháin a rinne tú lasmuigh den ionad campála
- cathain a fhillfidh tú abhaile

Scríobh an freagra sa bhosca anseo thíos.

NÓ

(b)

Is tusa Seán sna pictiúir thuas. Fuair tú dhá thicéad sa phost do cheolchoirm i bPáirc an Chrócaigh. Ba mhaith leat ticéad a thabhairt do do chara Nuala. Fágann tú nóta ag a teach ag rá:
- conas a fuair tú na ticéid
- cé mhéad a chosain siad
- cén t-am a bheidh an ceolchoirm thart
- cad ba mhaith leat a dhéanamh tar éis na ceolchoirme
- cén t-am a fhillfidh sibh abhaile

Scríobh an nóta sa bhosca anseo thíos.

NÓTA

CEIST 2 Freagair (a) **nó** (b) anseo. (40 marc)
[**N.B. Bíodh leagan amach cuí ar do litir, i.e. seoladh, dáta, beannú, agus críoch oiriúnach.**]

(a) Tá tú ar scoil nua. Scríobh litir chuig do pheannchara faoin scoil seo.
Sa litir luaigh na pointí seo.
- cén fáth a bhfuil tú ar scoil nua
- cara nua atá agat sa scoil
- cúpla rud faoi na múinteoirí
- saol na scoile

Scríobh an litir sa bhosca ar lch. 11

NÓ

(b) Tá tú i do chónaí ar feadh míosa le clann sa Fhrainc ag foghlaim Fraincise. Ní dúirt tú le do chara go raibh tú ag dul. Scríobh litir chuige/chuici.
Sa litir luaigh na pointí seo.
- cén fáth nach ndúirt tú leis/léi go raibh tú ag dul
- duine éigin sa chlann is maith leat **nó** nach maith leat
- cúpla rud faoin áit ina bhfuil tú
- ud a rinne tú **nó** a chonaic tú a thaitin go mór leat

Scríobh an litir sa bhosca ar lch. 11.

Ceist 2 (a) **nó** (b)

LITIR

CEIST 3 Freagair (a) **nó** (b) anseo. (45 mharc)

(a) **Alt** gairid (**15 líne nó mar sin**) a scríobh ar **cheann amháin** de na hábhair seo:
 (i) An lá a bhuaigh mé €100
 (ii) Lá cois farraige
 (iii) An réalta spóirt **nó** réalta scannáin is fearr liom
 (iv) Leabhar a thaitin liom

Scríobh an freagra sa bhosca ar lch. 13

NÓ

(b)

[Stiallghreannán le ceithre phictiúr:
1. TURAS SCOILE GO LONDAIN LE LINN SAOIRE NA CÁSCA AR FEADH CÚIG LÁ TUILLEADH EOLAIS ÓN UASAL Ó RIAIN
2. CINNTE, TÁ MISE AG DUL / TÁ MISE AG DUL CHOMH MAITH
3. 3.30 P.M. ... 9.00 P.M.
4. OXFORD ST €10]

Is iad Áine agus Seán na daoine óga atá sna pictiúir thuas. Scríobh síos an cuntas is dóigh leat a bheadh ag Áine ina dialann (nó ag Seán ina dhialann) ar na himeachtaí atá léirithe thuas.
[Is leor 15 líne nó mar sin i do fhreagra]
Scríobh an freagra sa bhosca ar lch. 13

Ceist 3(a) **nó** (b)